V&R

Dietrich Steinwede

Was weißt du vom Glauben?

Impulstexte für die religionspädagogische Arbeit mit Kindern

Vandenhoeck & Ruprecht

KINDER IN DER KIRCHE

Bibliographische Information der Deutschen Nationalbibliothek
Die Deutsche Nationalbibliothek verzeichnet diese Publikation in der Deutschen Nationalbibliografie; detaillierte bibliografische Daten sind im Internet über http://dnb.d-nb.de abrufbar.

ISBN 978-3-525-63009-9

Reihengestaltung und Satz: Katja von Ruville, Frankfurt am Main
Druck und Bindung: ⊕ Hubert & Co, Göttingen

Gedruckt auf alterungsbeständigem Papier.

Zur Einführung

Texte für Kinder (ab 8) in Gemeinde und Schule sowie theologisch-didaktische Hinweise für die, die sie unterrichtend begleiten, enthält dieses Arbeitsbuch. In zehn Kapiteln werden die zentralen Themen der biblischen, der christlichen Tradition erschlossen.

Dabei ist jedes Kapitel für sich – unabhängig von den anderen – einsetzbar. Andererseits korrespondieren die Themen miteinander, dies auch in sprachlich variierten Wiederholungen.

Die Theologie der Themen wird in Grundinformationen allgemein verständlich umrissen. Erkenntnisse über die Entstehung der biblischen Überlieferungen und der kirchlichen Traditionen werden den Kindern nicht vorenthalten, sondern im Gegenteil: Elementarisierend umgesetzt, dienen sie einem besseren Verständnis der Glaubensgeschichten, insbesondere derer des Neuen Testaments.

Die Texte gehen auf die seinerzeit weit verbreiteten »Sachbilderbücher zur Bibel« zurück. Sie sind gründlich überarbeitet worden. Die Sprache der Darstellung ist knapp, drängend, inspirierend – daher »Impulstexte«. Sie kann jederzeit individuell erweitert, entfaltet werden.

Kurze Anstöße (»Was wir tun können«) vor den Texten verweisen auf Gesprächsmöglichkeiten, gelegentlich auch auf andere Arbeitsformen. Bibelstellenangaben ermöglichen es, in der Bibel den Kontext der jeweiligen Erzählpassagen nachzuschlagen.

Zur Veranschaulichung der Texte werden Bilder vorgeschlagen, z.B. aus Bildbänden zur Bibel oder zur Antike, Bilder, die indes selbst zu beschaffen sind. Alternativ dazu sind den Texten Sachbilder des Zeichners Fulvio Testa zugeordnet, die als online-Angebot unter dem Titel »Was weißt du vom Glauben? Bilder für die religionspädagogische Arbeit mit Kindern« erhältlich sind.[1] Die Zahlen in eckigen Klammern verweisen

1 ISBN 978-3-647-90000-1; u.a. auf www.v-r-gemeinde.de und www.v-r-schule. de.

auf die Nummern dieser 76 Einzelbilder, die, auf Bild oder Folie ausgedruckt, den Kindern gezeigt oder projiziert werden können.

Neben Kurztexten und Wortfolgen, die direkt zum Gespräch auffordern, finden sich ausführliche biblische Erzählungen. Hier wird ein Hauptanliegen des Autors deutlich:

Gott lässt sich nicht abstrakt definieren. Von Gott, von Jesus, dem Christus, kann man nur konkret erzählen. In solchem sprachlich dichten, bildhaften, situationsnahen Erzählen von ihm wird Gott, wird Jesus, der Christus, dem hörenden Kind je und je ganz Gegenwart. Das Ziel ist, von den großen Dingen der Bibel ganz elementar so zu reden, dass die Hörenden Sehende werden, die Gott loben.

Lehrende in Gemeinde und Schule sollen auf den »Königsweg« des Erzählens gelangen, eines Weges zur Wahrheit und Wirklichkeit der Bibel. Das kostet Fantasie und Mühe, aber es lohnt sich. Wenn es gelingt, mag man von solchen Erzählerinnen und Erzählern mit Daniel 12,3 wohl sagen: »Die da lehren, werden leuchten wie der Glanz des Himmels.«

Der Titel dieses Buches lautet: »Was weißt du vom Glauben?« – Glaube zielt hier auf Inhalte der christlichen Überlieferung. Glaube ist aber auch: »Feststehen in dem, was man hofft, überzeugt sein von Dingen, die man nicht sieht« (Hebräer 11,1).

Dietrich Steinwede

Inhalt

Gott und die Welt

1. Die Frage nach Gott

Hinweise

Die Fülle dessen, was mit dem Gottesbegriff verbunden ist, lässt sich kaum erfassen. Gott ist unendlich, erhaben, weit weg, geheimnisvoll, verborgen und doch dem, der an ihn glaubt, ganz nah. Im Weltraum ist er nicht zu finden, aber wer Augen hat, zu sehen, kann Spuren Gottes entdecken – im (eigenen) Leben, im Wachsen und Blühen der Natur, in Gebet, Predigt und Lobgesang, vor allem aber in der Bibel, im Alten und im Neuen Testament.

Im Einzelnen

Neben den vielen Göttern antiker und gegenwärtiger Religionen (Ausnahme Judentum und Islam) behauptet sich Gott für die Christen als der eine Gott.

– Zweifel an Gott gab es immer, auch bei gläubigen Menschen. Geleugnet hat man Gott. Und um an Gottes Wirkmächtigkeit angesichts von Schrecken, Tod und Terror in der Welt festzuhalten, bedarf es eines starken Vertrauens.
– Menschen haben versucht, Gott zu beweisen. Das ist aber nicht möglich. Gott erschließt sich nur dem, der ihm vertrauensvoll entgegenkommt, der an ihn »glaubt«.
– Gott lässt sich nicht abstrakt definieren. Von Gott kann man nur konkret erzählen. Im Erzählen von ihm geschieht Gott. Je und je neu. Erzählend lässt das Alte Testament Gottes Macht und Herrlichkeit aufleuchten. Erzählend hat Jesus Gott verkündet. Erzählend sprechen die Evangelisten von Jesus, Gott und den Menschen. Erzählend lehren wir unsere Kinder Gott zu erkennen.
– Kinder können erfahren, dass Gott jenseits aller »Gottesfinsternis«

dennoch ein Gott der Liebe ist, der den Christen im Menschen Jesus von Nazareth seine Nähe kundtut. Wer glaubt, sagt »Du« zu Gott. Er gibt sich ihm ganz anheim. Er lässt nicht ab von Gott. Er sagt »Vater« zu ihm.

- Aber auch das persönliche Zeugnis der Erwachsenen kann dem Kind viel bedeuten. Hier werden, mit Luther gesprochen, Eltern und Lehrer dem Kinde »Apostel und Bischof«.
- Ebenso bedeutsam in einer Erziehung zu Gott hin ist das gemeinsame Beten (Reden mit Gott wie mit einem Freund). Wie selbstverständlich wird das Kind in den Vollzug mit hineingenommen. Aber es lernt auch, dass Gott nicht alle Wünsche erfüllt.
- Doppelt betet, wer singend betet. Gemeinsames Singen der christlichen Gotteslieder erweckt die Seele. Kinder singen leicht und gern. Schnell singen sie auswendig. Und: Liedstrophen haben einen großen Vorteil: Schwierige theologische Aussagen sind hier oft ganz einfach, weil poetisch verdichtet.
- Wenn Kinder malen wollen, dann nur Spuren Gottes, niemals aber Gott selbst.
- Das Wichtigste aber bleibt das Miteinandersprechen, das reagierende, aufarbeitende Gespräch über die vorgetragenen oder selbst gelesenen Texte. Hier ergibt sich die Möglichkeit, das Gottesbild immer wieder weiter zu entwickeln – weg vom »Übervater« in den Wolken hin zum »Du«.

a. Erstes Fragen nach Gott [Nr. 1.1]

Was wir tun können

- Bei der Frage nach dem Ich des Kindes beginnen.
- Erkennen, dass Gott trotz mancher Zweifel an ihm eine Antwort auf die Ich-Frage sein kann.
- Den vordergründigen Gebrauch des Gottesnamens hinterfragen.
- Erfahren, dass Gott in verschiedenen Lebenssituationen in Anspruch genommen wird.
- Bedenken, dass Menschen, die Gott suchen, ihn nicht immer finden.

- Einsehen, dass Gott größer ist als alle Bilder, die wir uns von ihm machen.
- Wahrnehmen, dass Gott im Weltall oder jenseits davon nicht aufzufinden ist.

Wer bin ich?

Ein Mensch! Ein Kind! Ein Erdbewohner! Ein Lebewesen!

Wie bin ich?

Manchmal traurig. Manchmal fröhlich. Manchmal einsam. Manchmal habe ich Angst.

Wer hilft mir?

Meine Eltern! Meine Freunde! Ich selbst!

Woher komme ich?

Aus dem Leib meiner Mutter. Aus dem Samen meines Vaters. Von Gott?

Wohin gehe ich?

Ins Leben. In einen Beruf. In den Tod.

Wozu muss ich leben?

Um zu lernen? Immer wieder zu lernen? Um Geld zu verdienen? Um eine Familie zu haben? Um glücklich zu sein?

Was soll aus mir werden?

Ein guter Mensch? Ein kluger Mensch? Ein tapferer Mensch? Ein Mensch, der an Gott glaubt? – Viele fragen so, Kinder, auch Erwachsene.

Und wer gibt Antwort?

Muss nicht jemand da sein, der Antwort gibt, an den ich mich halten kann, der bei mir ist? Der mir sagt, was ich tun soll, der mich lieb hat?

Ist es Gott?

»Ja, es ist Gott! Halte dich fest an Gott!« Viele sagen so.

»Nein! Gott gibt es nicht«, sagen andere. »Wir merken nichts von ihm. Wir machen alles selbst. Alte Menschen brauchen Gott vielleicht. Oder die Kranken. Oder die Armen. Aber wir, wir denken und glauben, erforschen und erfinden – das stammt von uns, nicht von Gott.«

Leichtfertiges Reden von Gott

Menschen sagen: »Ach du lieber Gott!« – »Mein Gott!« – »Gott sei Dank!« – »Um Gottes willen!« – »Gott o Gott!« Tag für Tag kannst du es hören.

Gott in Sprichwörtern

»Der Mensch denkt und Gott lenkt.« – »Hilf dir selbst, so hilft dir Gott.« Auch das kannst du hören.

Gott in kirchlichen Riten

Es ist Hochzeit. Es ist Taufe. Es ist Beerdigung. Es ist Weihnachten. Es ist am Sonntag in der Kirche. Du hörst den Namen Gottes. Es wird von Gott gesprochen.

Gott im Notschrei der Menschen

Menschen schreien zu Gott: »Hilf mir, lieber Gott, hilf mir!« Sie haben Angst. Es droht ihnen eine große Gefahr.

Gott im Gottesdienst

Menschen bauen Häuser für Gott, Kirchen. Sie nehmen teil am Gottesdienst. Sie dienen Gott ein ganzes Leben lang. Sie beten zu Gott, beten und beten …

Gott in der Bibel

PSALM 139,1–12

Viele Menschen wissen von Gott aus der Bibel. »Ich weiß es, ich glaube es«, sagen sie: »Gott kennt meinen Weg. Gott versteht meine Gedanken. Er ist nah bei mir. Gott sieht, ob ich auf bösem Wege bin. Gott leitet mich auf ewigem Wege. Finsternis ist nicht finster bei ihm. Finsternis ist wie das Licht.«

Gottesferne

Andere Menschen sagen: »Wenn ich nur wüsste, wo ich Gott finden kann! Ich gehe vorwärts. Er ist nicht da. Ich gehe rückwärts. Ich spüre ihn nicht. Ich schreie, aber meine Hilfe ist ferne. Wo bist du, Gott? Hast du mich verlassen?«

Bilder von Gott

Kinder malen Gott. Sie machen sich Bilder von Gott: Gott über den Wolken, umschwebt von Engeln, Gott wie ein König auf einem prächtigen Thron, Gott im Paradies, wo es schön ist, wie sonst nirgends, wo die Tiere friedlich miteinander leben, Spinne und Fliege, Katze und Vogel, Löwe und Gazelle.

Aber: Ist Gott so? Sieht Gott so aus?

Künstler malen Gott in wunderbaren Bildern. Sie wollen etwas zeigen von Gottes Macht, von seiner Stärke, von seinen Wundern, von seinem Geheimnis.

Aber: Kann man Gott malen?

Wie ist Gott? Wo ist Gott?

Kannst du Gott zählen, messen, ausrechnen? Kann Gott alles durchdringen mit seinen Augen? Ist er ein Geist? Ist Gott über den Wolken? Ist er im Weltraum? Oder jenseits des Weltraumes? Der Mensch träumt von der Unendlichkeit. Er fliegt ins All …

Aber ist dort Gott?

Im Weltraum ist es dunkel, ewige Finsternis, ewige Unendlichkeit, kein »oben« und kein »unten«.

Was sollte dort Gott?

Die Welten und aller Welten Unendlichkeiten können ihn nicht fassen …

b. Gott in menschlichen Grundsituationen – Gott in den Religionen

Was wir tun können

- Menschliche Grundsituationen bedenken (Bilder dazu betrachten).
- Uns mit der Vielgestaltigkeit der Götter und ihrer Abbilder in antiken und einigen Gegenwartsreligionen auseinandersetzen.
- Unter den monotheistischen Religionen (Judentum, Christentum, Islam) den einen Gott der Christen hervorheben.

Wo ist Gott?

Gott ist bei den Menschen!

BILDER: Z. B. MUTTER UND KIND, ZUWENDUNG AM KRANKENBETT, EINE MAHLZEIT FÜR ARME

Eine Mutter hat ein Kind geboren. Sie dankt Gott. Kranken Menschen wird geholfen. Sie danken Gott. Hungrige Menschen bekommen zu essen. Sie danken Gott.

BILDER: Z. B. VERSÖHNLICHE UMARMUNG, TRÖSTUNG

Ein Mensch versöhnt sich mit seinem Feind. Er redet wieder mit ihm. Du kannst sagen: »Gott ist da.« Ein Mensch hat Gedanken des Friedens und nicht Gedanken des Krieges. Du kannst sagen: »Gott ist da.« Ein Mensch tröstet einen anderen Menschen. Du kannst sagen: »Gott ist da.« Und dennoch bleibt Gott unsichtbar, verborgen.

Viele Götter – ein Gott

Nicht immer haben Menschen gedacht, dass Gott unsichtbar bleiben muss, verborgen, dass Gott einer ist und nicht viele. Sie haben sich Bilder gemacht von ihrem Gott, Bilder von ihren Göttern.

BILDER: GÖTTERFIGUREN / [Nr. 1.2; Nr. 1.3]

Sie wollten ihren Gott ganz fest bei sich haben, einen gemalten oder geschnitzten Gott, einen Gott, aus Erz gegossen oder aus Stein gehauen. Sie wollten ihren Gott sehen und anfassen.

BILD: TEMPEL (ÄGYPTISCH)

Sie bauten Tempel für ihren Gott, für sein Bild, riesige, prächtige Tempel. Sie sagten: »Unser Gott will, dass wir sein Bild verehren. Unser Gott will, dass wir ihm Opfer bringen.«

BILDER: ANUBIS, SONNENGOTT RE / [Nr. 1.4]

Die alten Ägypter machten sich Bilder von einem Totengott mit einem Kopf wie ein Schakal.

Die alten Ägypter beteten auch zu der Sonne: »Du bist schön, du leuchtende Sonnenscheibe, du bist in unserem Herzen!« [Nr. 1.5]

BILDER: GRIECHISCHE GÖTTER

Die alten Griechen hatten Aphrodite als Göttin der Liebe, Apollon als Gott des Heilens und der Wahrheit, Helios als Gott der Sonne, Hades als Gott der Unterwelt, Hermes als Boten der Götter.

»Unsere Götter sind wie Menschen«, sagten sie. »Unsere Götter wohnen auf dem Berg Olymp, der in den Himmel ragt. Unsere Götter steigen nieder zu den Menschen. Aber sie sind unsterblich.«

Zeus mit dem Flammenbündel war der Herrscher von Himmel und Erde. Athene, die Göttin der klugen und tapferen Krieger, war aus seinem Haupt hervorgekommen. Poseidon mit dem Dreizack war der Gott des Meeres. [Nr. 1.6]

BILD: DELPHI

In heiligen Hainen verehrten die Griechen ihre Götter, in Wäldern und auf Bergen, später auch in Tempeln. Ganz ähnlich war das auch bei den Römern.

BILD: WODAN

Auch die Germanen verehrten ihre Götter an heiligen Orten. Sie hatten heilige Bäume und Wälder. Wodan war ihr höchster Gott. Er war der Lenker der Schlachten, der Gott des Windes und des Todes. [Nr. 1.7] Freya, seine Frau, war die Göttin der Ehe und der Kinder. Nach ihr heißt unser Freitag. Donar war der Gewittergott. Er schleuderte den spitzen, feurigen Blitzstrahl. Er ließ den Donner rollen. Nach ihm heißt unser Donnerstag. Ziu war der Kriegsgott. Ziu-Tag ist Dienstag.

Auch heute beten Menschen in der Welt zu ganz verschiedenen Göttern.

BILD: SHIVA

Hindus in Indien beten zu dem vielarmigen, tanzenden Shiva und zu unendlich vielen anderen Göttern. [Nr. 1.8]

BILD: BUDDHA

Buddhisten werden still vor dem Bild des Buddha, des Fürstensohnes, der im Lotussitz kniet, der vor 2500 Jahren aus dem Palast seines Vaters fortging, um mit den Armen zu leben und zu leiden. [Nr. 1.9]

BILD: MOSCHEE

Muslime beten zu Allah (arabisch: Gott), ihrem einzigen Gott, von dem es kein Bild gibt und auch nicht geben darf.

BILD: KREUZ

Die Christen beten zu Gott, dem Herrn, dem unsichtbaren, dem verborgenen. Sie kennen das Bild des gekreuzigten Christus. Es ist ein Zeichen. Es geht um Jesus. Es geht um Gott. [Nr. 1.10]

SCHRIFTZUG: JAHWE IN HEBRÄISCHEN BUCHSTABEN

Christen und Juden kennen nur den einen Gott. Im Alten Testament heißt er JAHWE. [Nr. 1.11]

c. Die jüdisch-christliche Antwort

Was wir tun können

- Gottes Nähe zum Volk Israel bedenken.
- Gottes geheimnisvolle Wunder in der Natur im Gegenüber zu Gottes Verborgenheit wahrnehmen.
- Von Gottes Boten hören: Propheten im Alten Testament, Jesus im Neuen Testament.
- Gott als Dialogpartner erfahren; Jesus zeigt, wie wir mit Gott sprechen können (Vaterunser).
- Erkennen, dass wir nur in menschlichen Kategorien von Gott reden können (»Hand Gottes«, »Auge Gottes«, »Gott hört«; »Gott spricht« usw.).
- Spuren Gottes aufsuchen – in der Bibel, im Glaubenszeugnis, im mitmenschlichen Handeln.
- Sich mit der Frage des Leidens in der Welt auseinandersetzen: Warum gibt es Tod, Krieg, Schrecken und Schreien in der Welt, wenn Gott doch ihr guter Schöpfer ist? (Theodizeefrage)

Gottes Name

JAHWE bedeutet: ICH BIN DA für euch Menschen. Ich bin der Herr, dein Gott. Du sollst dir kein Bild von mir machen. Du sollst keine anderen Götter neben mir haben. Du sollst dir kein Bild von ihnen machen. Du sollst sie nicht anbeten.

»Ich bin bei euch«, spricht Gott, »ich bin heilig. Ich bin derselbe – bei den Ersten und bei den Letzten.«

Ein Glaubensbekenntnis

Die Juden sagen: »Unser Gott ist Abrahams, Isaaks, Jakobs Gott, der Gott unserer Väter. Aus Ägypten führte er uns. Er rettete uns in großer Gefahr. Er gab uns das Gesetz. Er schenkte uns Kanaan, das schöne Land, Jerusalem, die Königsstadt. Immer ist er bei uns.« – »Unser Gott hat alles geschaffen«, sagen die Juden. »Ohne ihn wäre nichts da.«

BILDER: NATURWUNDER (BÄUME, VÖGEL, BLUMEN ...)

Die Welt ist voll seiner Zeichen und Wunder. Du findest Rätsel und viel Geheimnis. Wenn die Sonne uns wärmt, wenn sie uns Licht bringt, wenn Samen aufgehen und die Knospe sich öffnet, wenn Wasser in den Tälern quillt, Saft in den Bäumen und Früchten, dann sehen wir Gottes Wunder, dann singen und spielen wir unserm Herrn, dann danken wir unserem Gott.

Gottes Geheimnis

Aber Gott ist nicht im Samen, im Baum, im Wasser, im Stein, im Feuer oder im Blitz. Gott lässt nicht das Weltall am Finger laufen. Gott ist ein anderer Gott, groß und unbegreiflich. Er ist ein verborgener Gott. Und doch ist er nahe, wenn du ihn anrufst. Und wenn du schreist, dann gibt er dir Zuflucht.

Gott redet zu den Menschen

»Zu unseren Vätern hat Gott durch die Propheten geredet«, sagen Juden und Christen, »durch Jesaja, Jeremia, durch Hesekiel, Daniel, durch viele andere.« – »Zu uns«, sagen die Christen, »hat er geredet durch Jesus, der gekreuzigt worden ist.«

Menschen reden zu Gott

»Jesus ist Gottes Kind«, sagen sie. »Wir alle sind Gottes Kinder. Jesus hat uns gezeigt, dass wir Vater sagen können zu Gott. Er hat uns gezeigt, dass wir beten können: Vater unser …«

Menschen gehen wie an Gottes Hand

BILD: KIND AN DER HAND EINES ERWACHSENEN

Es ist, als hätte Gott eine Hand. Er führt mich an seiner Hand wie ein Vater sein Kind. Er schützt mich. Das glaube ich.

Dabei hat Gott keine Hand. Das weiß ich. Aber vielleicht ist es die Hand eines anderen Menschen, die mich führt, die mir hilft. Gott leitet uns durch die Tage. Er leitet uns durch die Jahre. Er leitet uns durch alle Zeit.

Menschen finden Spuren Gottes

»Niemand hat Gott je gesehen«, sagen sie. »Aber wir wissen von ihm aus der Bibel, aus den Worten Jesu, aus den Worten anderer Menschen, aus dem, was Menschen tun im Namen Gottes, aus den eigenen Gedanken.« Ein Kind sagt: »Eine Spur Gottes kann nur der sehen, der daran glaubt, der fühlt das.« Ein anderes Kind sagt: »Spur Gottes, das ist immer der gleiche Sinn, nämlich, dass ein Mensch an den anderen denkt.« Ein anderes Kind sagt: »Jesus ist eine Spur Gottes in der Welt!« Ein anderes Kind sagt: »Schon wenn einer sich freut, der sonst nichts zu lachen hat, das kann eine Spur Gottes sein.«

Warum, Gott?

BILDER: KRIEG, ZERSTÖRUNG, TOD, HUNGER, KRANKHEIT, KATASTROPHEN

Der Krieg hat ein Dorf zerstört. Bomben sind gefallen. Panzer haben alles niedergewalzt. Menschen sind verwundet, tot. »Warum hat Gott meine Mutter sterben lassen?«, schreit ein Kind. »Warum, warum?«

»Warum schickt Gott Hunger?« – »Warum habe ich kein Zuhause mehr?« – »Warum habe ich keinen Vater?« – »Warum bin ich gelähmt für mein Leben?« – »Warum hilft mir keiner?« – »Warum die Schmerzen?« – »Warum all das Schreckliche?« Überall schreien Kinder, schreien Menschen: »Warum? Wo ist Gott in all unserem Leid?«

»Ich weiß es nicht. Ich schweige«, sagt einer. »Es gibt ja doch keinen Gott!« – »Ich finde keine Antwort«, sagt ein anderer. »Aber dennoch halte ich mich fest an Gott.«

Gott ist ein verborgener Gott, groß und unbegreiflich. Gott ist ein Geheimnis, das größte Geheimnis, das Menschen kennen.

Menschen suchen Gott

Menschen suchen Gott: »Wer bist du, Gott?« – »Wo bist du?« – »Wer bin ich?« – »Wohin gehe ich?« – »Kann ich dich finden, Gott?« – »Hilfst du mir?« – »Kennst du meinen Weg?«

Menschen erzählen von ihrem Gott

Sie kennen Namen von ihrem Gott. Sie reden mit ihrem Gott. Sie verehren ihn. Sie beten ihn an. Sie loben ihren Gott. Sie machen sich Bilder und Zeichen.

Die Antwort

Es gibt eine Antwort: Wo man ihn einlässt, da ist Gott. Wo der Glaube ist, da ist Gott. Wo die Liebe ist, da ist Gott.

2. Von der Schöpfung

Hinweise

Kinder heute wissen in der Regel um die unendliche Tiefe des Weltraums mit seinen Myriaden von Sternen. Viele kennen die Urknalltheorie, die das gegenwärtige Weltbild bestimmt.

Bei guter Anleitung vermögen diese Kinder auch die Zeitbedingtheit im altorientialischen Weltbild von 1 Mose 1 (kosmische Weltentstehungslehre, 6. Jh. v. Chr.) bzw. von 1 Mose 2 und 3 (die Oase in der Wüste als Lebensgrundlage des gefährdeten Menschen, 10. Jh. v. Chr.) wahrzunehmen und sie mit dem Glauben an eine die Zeiten überdauernde, alles gestaltende, alles durchwirkende Schöpfermacht zu verbinden.

Auch die unterschiedliche Sprachstruktur der beiden alttestamentlichen Schöpfungstexte – 1 Mose 1 ein Schöpfungs-*Lied*, 1 Mose 2 und 3 eine Schöpfungs-*Erzählung* – kann Kindern erschlossen werden. Sie können sich darauf einlassen, beide Überlieferungen auf ihr Leben zu beziehen, verantwortlich, dankbar, lobend.

Im Einzelnen

- Die beiden biblischen Schöpfungstexte haben eine unterschiedliche Thematik, stimmen jedoch in Grundaussagen überein: Welt und Mensch sind geschaffen, sie sind gewollt, sie haben als Geschöpfe ein Gegenüber, das sie begleitet und bewahrt, dem sie vertrauen können, vor dem sie sich aber auch verantworten müssen.
- Die beiden biblischen Schöpfungstexte sind keine Berichte. Eher haben sie den Charakter von Mythen, d.h. letztgültigen Aussagen über die Existenz und Geschichte von Welt und Mensch im Licht göttlichen Handelns.
- Der mythische Akzent von 1 Mose 1: Dem Menschen ist die Welt von Gott anvertraut, sie zu behüten und zu bewahren; von 1 Mose 2 und 3: Aus Erde geschaffen, ist der Mensch – Mann und Frau – versucht, sich an Gott zu vergehen. Gott aber lässt seiner nicht spotten.

a. Fragen nach dem Ursprung der Welt und des Menschen

Was wir tun können

- Das Kind mit seinem möglichen Vorwissen – die Erde eine Kugel, ein Stern unter Sternen, das All ein unendlicher Raum, Weltentstehung durch den Urknall – ernst nehmen. All das in Text und Bild bedenken.
- Uns der Geringfügigkeit wie auch der Größe des Menschen vor dem All bewusst werden.
- Weltentstehung und Entwicklung des Menschen als Wunder Gottes begreifen und dafür danken lernen.
- Erkennen, dass ein Glaubender sagen kann: »Die Welt ist Gottes Schöpfung und ich bin Gottes Geschöpf.«
- Die Verantwortlichkeit eines jeden für die Bewahrung der Erde betonen.

Die Erde ist eine Kugel…

Jeder von uns weiß es: Die Erde ist rund. Die Erde ist eine Kugel. Aber wer sieht das schon? Du gehst geradeaus und geradeaus und aufwärts und abwärts immer in einer Richtung, immer geradeaus. Die Erde macht keinen Bogen.

Du gehst Tag für Tag, Woche für Woche, Monat für Monat – immer geradeaus. Du kommst ans Meer. Du fährst hinüber. Drüben Ufer und wieder Häuser und Berge. Du gehst geradeaus. Aber niemals macht die Erde einen Bogen.

Und eines Tages nach endlosem Marsch kommst du dort wieder an, von wo du ausgegangen bist, nur von der anderen Seite. Du bist einmal um die Erde herumgegangen. Aber niemals hast du gesehen, wie die Erde sich krümmt.

Die Erde ist groß

Wie kommt das? Warum ist das so? – Weil sie groß ist, die Erdkugel, so riesengroß.

Astronauten sehen mehr

BILD: ERDKUGEL AUS DEM WELTALL

Aber jetzt gibt es Menschen, die haben gesehen, wie die Erde sich krümmt, die Raumfahrer, die Astronauten. Immer weiter sind sie fortgeflogen von der Erde in ihrer Raumkapsel.

Sie haben ihr eigenes Land gesehen, das ganze Land auf einmal mit allen Städten, Flüssen und Gebirgen. Sie haben das Meer gesehen und alle Meere, die Wüste und alle Wüsten. Sie haben die Erdteile gesehen: Europa, Asien, Afrika, Australien, Amerika. Und immer weiter sind sie hinausgeflogen in den Weltraum.

Die Erde wurde kleiner und kleiner, eine blau schimmernde Scheibe unter den weißen Schleiern der Wolken, eine blaue Kugel im tiefschwarzen Weltraum.

Zum Mond sind sie geflogen, die Astronauten. Die Erde war schon ganz klein geworden. Sie sind auf dem Mond gelandet. Nichts Lebendiges dort, nur Staub und Krater und Steine. Sie sind mit dem Mond gekreist, ein Stückchen. Denn der Mond kreist um die Erde einmal im Monat ganz herum. [Nr. 2.12]

Die Raumfahrer sind zur Erde zurückgekehrt.

Was Astronomen heute wissen

Auch die Erde kreist. Sie ist ein Planet. Sie kreist um die Sonne – zusammen mit dem Mond, einmal im Jahr ganz herum. Die Sonne steht im Mittelpunkt, ein riesiger Glutball. Unvorstellbar weit ist sie entfernt.

Aber die Sonne ist nicht allein im Weltraum. Es gibt andere Sonnen, jede mit kreisenden Planeten und Monden, Millionen von Sonnen, Milliarden, unvorstellbar viele Sonnen.

So unvorstellbar groß ist der Weltraum, so winzig klein ist die Erde in der riesigen schwarzen Unendlichkeit.

Was ist die Erde? Ein Stern unter Sternen, nicht mehr.

Wärest du auf einem fernen Stern, du sähest unsere Erde am Nachthimmel flimmern wie einen Lichtpunkt unter Millionen anderer Lichtpunkte. Nur ein winziger Lichtpunkt, das ist unsere Erde. So groß ist das Weltall, so erschreckend groß.

Wie klein ist der Mensch

Und wie klein ist der Mensch auf dem winzigen Stern Erde, wie winzig klein, ein Nichts vor dem allen.

Wie groß ist der Mensch

Und doch: Was kann der Mensch? – Er kann nachdenken über das alles. Er kann all das erforschen, die ganze Unendlichkeit, mit seinen Fernrohren, mit seinen Satelliten. Alles kann er berechnen mit seinen Computern. Er kann es erobern, das Weltall, mit seinen Raumschiffen. Groß ist der Mensch, wenn man denkt, was er kann.

Der Urknall

Und woher ist das alles gekommen, das Weltall, die Sonnen, unsere Sonne, die Erde? Die Forscher sagen: Das war vor Milliarden von Jahren. Es war eine Ur-Welt-Explosion. Alles ist zusammengewirbelt. Alles ist zusammengeschmolzen aus winzigen Teilchen.

Das All

BILD: GALAXIE

Und dann gab es die riesigen Sonnen im All, die Unzahl der Sterne, der Planeten, und an einer Stelle irgendwo im Weltall, unsere Sonne, unsere Erde, ein glühender Planet. Milliarden von Jahren hat es gedauert, bis die Erde erkaltete. Dann war überall Staub wie auf dem Mond, Krater, Steine, kein Leben.

Entwicklung des Lebens

Millionen Jahre hat es gedauert, bis Leben auf der Erde war: Im Wasser begann es mit winzigen Lebewesen, dann Pflanzen auf dem Land, dann Tiere und Vögel. Dann der Mensch.

Entwicklung des Menschen

In Millionen von Jahren ist der Mensch geworden, was er heute ist. Vor Urzeiten war er dem Affen ähnlich. Aber dann hat er gelernt. Er hat sich verändert. Er hat sich aufgerichtet. Er hat sprechen gelernt. Er hat gelernt, zu denken, zu malen, zu rechnen, zu schreiben, zu lesen. Er hat gelernt, etwas zu erfinden, etwas zu erforschen.

Jetzt ist jeder neugeborene Mensch schon wie die anderen Menschen. Im Leibe seiner Mutter ist er herangewachsen. Am Tage seiner Geburt ist er herausgekommen.

Deutung

»Es ist ein Wunder der Natur«, sagen viele. »Es ist ein Wunder Gottes«, sagen andere.

Dank

Und manche Mutter betet am Tage der Geburt ihres Kindes: »Gott, ich danke dir, dass du mir ein Kind geschenkt hast.«

Einladung

Auch ich kann beten: »Gott, ich danke dir, dass ich aus dem Leib meiner Mutter hervorgekommen bin, dass ich so wunderbar gemacht bin. Ich kann atmen und sehen und hören und schmecken und lernen und spielen. Dass ich springen darf und mich freuen – ich danke dir! Dass ich spielen darf und mich freuen – ich danke dir! Dass ich tanzen darf und mich freuen – ich danke dir! Dass ich singen darf und mich freuen – ich danke dir! Dass ich träumen darf und mich freuen – ich danke dir! Dass ich lieben darf und mich freuen – ich danke dir!«

Deutung

So wunderbar wie ein Kind, das heute geboren wird, so wunderbar ist das Weltall.

»Nach den Gesetzen der Natur ist alles so geworden«, sagen viele. »Wir wissen es. Wir haben es erforscht.«

»Ja«, sagen andere. »Was die Naturforscher herausgefunden haben, ist richtig und wahr. Aber einer hat mit allem etwas zu tun – Gott. Wie, das können wir nicht sagen. Wir können es auch nicht beweisen. Es ist nicht zu begreifen. Aber wir glauben es. Ja, wir glauben, dass die Welt Gottes Schöpfung ist, dass wir Menschen Gottes Geschöpfe und Gottes Gegenüber sind.«

Verantwortung

»Wir haben die Erde erobert, wir, die Menschen, wir mit unserer Kraft«, sagen viele. Und manche unter ihnen denken: »Darum können wir auch mit der Erde machen, was wir wollen. Wir können sie sogar in die Luft sprengen.«

»Gott hat uns die Erde geschenkt«, sagen andere. »Er hat uns eine Aufgabe gegeben auf der Erde. Wir sollen sie behüten und bewahren. Wir sollen alles in Ordnung halten und besser machen.«

b. Die Schöpfungstexte des Alten Testaments

Was wir tun können

- Das Weltbild von 1 Mose 1 erarbeiten: Himmel als Glasglocke über der Erdscheibe, Wasser oben, Wasser unten.
- Autoren, Alter und biblische Zuordnung von 1 Mose 1 und 1 Mose 2 und 3 kennenlernen.
- Sich mit dem Schöpfungslied von 1 Mose 1 und der Entstehung dieses Textes in der Auseinandersetzung mit dem Marduk-Kult der Babylonier befassen.
- Das Weltbild von 1 Mose 1 vom Weltbild der Gegenwart her befragen; erkennen, dass hier eine Glaubensaussage über die Weltentstehung gemacht wird.
- Die Schöpfungserzählung von 1 Mose 2 und 3 kennenlernen.
- Die beiden Schöpfungstexte miteinander vergleichen und die Übereinstimmung in den Grundaussagen feststellen.
- Für die Schöpfung Gottes danken: Der Mensch kann auch danken mit dem, was er erschafft, was er erforscht, auch mit seiner Freude an der Schönheit der Welt, auch mit seiner Zuwendung zum Nächsten.
- Uns vornehmen, der Zerstörung von Gottes Schöpfung, wo immer sie auftritt, mit Entschiedenheit zu begegnen.

Wie war es damals …?

Aber wie war das früher, als die Menschen all das noch anders sahen, wie die Erde geworden ist und das Weltall? Was haben sie früher gesagt?

Das Weltbild von 1 Mose 1

BILD: HIMMEL ALS GLASGLOCKE ÜBER DER ERDSCHEIBE

Menschen haben viel darüber nachgedacht schon vor vielen tausend Jahren: »Die Erde ist eine Scheibe«, haben einige gesagt, »eine Scheibe aus

Land und Meer, und der Himmel ist wie eine Glocke darübergestülpt. Und über allem und unter allem und ringsherum ist Wasser. Und das Wasser kann von oben herabstürzen und von unten hinaufdringen.

Und die Erde ruht auf mächtigen Säulen über dem Wasser der Tiefe. Und unter der Erde ist das finstere Reich der Toten. Aber auf der Erde lebt der Mensch mit Tieren, Fischen und Vögeln. Schön ist die Erde mit Blumen und Bäumen, mit Kräutern und Gräsern, mit Ländern und großen Meeren. Und über der Erde das Firmament mit Sonne, Mond und Sternen.« [Nr. 2.13]

Die Welt als Schöpfung

Andere haben etwas anderes gesagt. Aber alle haben immer wieder gefragt: Wer hat das gemacht?

Und immer wieder haben sie geantwortet: »Unser Gott. Das kommt von unserem Gott.«

Und sie haben davon erzählt immer wieder, überall in der Welt, überall anders, so, wie sie sich das dachten. Zwei von diesen Texten stehen in der Bibel, gleich vorn, wenn du die Bibel aufschlägst: Das eine ist ein großes Schöpfungslied, das haben Priester aufgeschrieben, Priester des Volkes Israel, vor 2500 Jahren. Danach kommt eine Schöpfungserzählung, die sogar noch 500 Jahre älter ist. Der, der sie aufgeschrieben hat, ist ein Gottesmann gewesen, ein Prophet.

Am Anfang war Gott da. Sonst aber war Tohuwabohu. Irrsal und Wirrsal. Finsternis. Wasser der Urflut. Gott über den Wassern. Ein Sturmbraus.	1. Gott sprach: »Licht werde!« Es wurde Licht. Gott sah: Es war gut. Gott trennte Licht und Finsternis. Licht hieß »Tag«, Finsternis »Nacht«. Abend und Morgen: Ein erster Tag.
2. Gott sprach: »Im Wasser soll ein Gewölbe sein, eine Trennung zwi- schen den Wassern, Wasser oben, Wasser unten.« Es wurde so. Gott sah: Es war gut. »Himmel« hieß das feste Gewölbe. Abend und Morgen: Ein zweiter Tag.	3a. Gott sprach: »Trockenes soll sein. Es sollen sich trennen Wasser und Land.« Es wurde so. Gott sah: Es war gut. »Meer« hieß das Wasser, »Erde« das Land.
3b. Gott sprach: »Wachsen soll es auf der Erde, Kräuter und Bäume mit Früchten und Samen.« Es wurde so. Gott sah: Es war gut. Abend und Morgen: Ein dritter Tag.	4. Gott sprach: »Lampen sollen am Himmel leuchten für Tag und Nacht und für das Jahr.« Es wurden Sonne, Mond und Sterne, zwei große Leuchten und viele kleine. Sie gaben Licht. Gott sah: Es war gut. Abend und Morgen: Ein vierter Tag.

5. Gott sprach: »Es sollen Fische im Wasser sein, Vögel am Himmel, mehr und mehr.« Es wurde so. Gott sah: Es war gut. Abend und Morgen: Ein fünfter Tag.	6a. Gott sprach: »Tiere sollen auf Erden sein: wilde Tiere, Tiere des Hauses, kleine Tiere, alle Arten.« Es wurde so. Es war gut.
6b. Gott sprach: »Der Mensch soll werden – nach meinem Bild.« Gott schuf den Menschen, Mann und Frau. Gott segnete sie: »Erfüllt die Erde. Beherrscht die Tiere. Esst von den Pflanzen. Alles übergebe ich euch. Mehr sollt ihr werden, immer mehr.« Es wurde so. Gott sah: Es war gut. Abend und Morgen: Ein sechster Tag.	7. Vollendet war alles: Gott ruhte von allem. Es war ein siebter Tag. Gott segnete den siebten Tag: »Dies ist ein heiliger Tag.«

Die Entstehung des ersten Schöpfungstextes

Wann haben die Priester diese Dinge vom Anfang gleichsam wie ein Lied erzählt? Was wollten sie damit sagen?

Das Volk Israel war in Not. Es war eine schreckliche Zeit. Sie waren vertrieben aus ihrem Land. Sie waren verschleppt nach Babylon. Ihre Stadt Jerusalem lag in Schutt und Asche. Sie lebten in der Fremde. Die Babylonier hatten Macht über sie. [Nr. 2.14]

Nebukadnezar hatte Macht über sie, Nebukadnezar, König von Babylon. [Nr. 2.15]

Die Israeliten beteten zu ihrem Gott. Die Babylonier aber beteten zu Marduk, zu einem Standbild von einem Gott, zu einer Götterfigur. »Er ist der Größte«, sagten die Babylonier, »Marduk ist der Herr der Welt. Er hat die Welt gemacht. Er hat Tiamat getötet, das Tier, die Urgöttin. Aus ihren Gliedern hat er Himmel und Erde gemacht. Das glauben wir.« [Nr. 2.16]

»Nein«, sagten die Priester aus Israel. »So ist es nicht. Unser Gott ist der Herr der Welt. Er hat alles erschaffen. Er ist der Herr von Sonne und Mond, der Herr der Erde und des Weltalls, mein Herr und dein Herr.«

Die Priester wollten zeigen: »Marduk ist ein falscher Gott, Marduk ist ein Götze. Unser Gott, der Gott Israels, der lebendige Gott, der ist der wahre Gott. Hat er uns nicht immer geholfen? Hat er uns nicht herausgeführt aus Ägypten, damals, als wir geknechtet waren? [Nr. 2.17]

Auch jetzt wird er uns helfen, wie damals in Ägypten. Er wird uns wieder heimführen, und alles wird wieder gut. Ihr sollt nicht an Marduk glauben, an ein Bild. Glaubt an den lebendigen Gott. Er ist der Herr, er allein und keiner sonst.«

Die Wahrheitsfrage

Ist die Welt so, wie die Priester sie sich vorstellten? Nein. Wir wissen heute: Es gibt kein Wasser über dem Himmel, keinen Himmelsozean. Und vieles andere sagen wir anders als damals die Priester: Dass die Erde eine Kugel ist, ein Stern im Weltraum, und keine Scheibe.

Die Priester konnten das noch nicht wissen.

Aber eins bleibt immer wahr: dass es diesen Glauben gibt: Gott hat mit allem etwas zu tun, mit Sonne und Mond, mit Himmel und Erde. [Nr. 2.18]

Die Priester hatten diesen Glauben. Auch der Erzähler des zweiten biblischen Schöpfungstextes, der Gottesprophet, hatte diesen Glauben. [Nr. 2.19]

Die Schöpfungserzählung des Gottespropheten

Diese Geschichte ist älter als das Schöpfungslied der Priester. Das Volk Israel war noch nicht in Babylon. Der Tempel war noch nicht zerstört, er wurde gerade gebaut, als diese Geschichte entstand.

Sie waren aus der Wüste gekommen, die Israeliten. Sie hatten Kanaan erobert, das schöne Land mit seinen fruchtbaren Ebenen, mit seinen Weinbergen, seinen Feigen- und Ölbäumen.

Die Kanaanäer lebten noch dort. Sie beteten zu ihren Göttern. Der Prophet wusste: Wenn etwas blüht, dann sagen sie: »Das ist unser Gott.« Wenn Wasser fließt, dann sagen sie: »Das ist unser Gott.« Wenn Früchte reifen, dann sagen sie: »Das ist unser Gott.«

Der Prophet wollte zeigen: »So ist es nicht: Israels Gott hat all das gemacht, all das Schöne, nicht ein Gott der Kanaanäer.«

Der Prophet kannte die Wüste, trocken und heiß, öde und leer, weit und breit nur Sand. Nirgendwo ein Baum, nirgendwo ein Grashalm, alles verdorrt unter der Glut der Sonne. Nach kühlem Wasser sehnt man sich. Und manchmal sind dort Oasen, blühende Gärten, dort, wo Wasser aufsteigt in der Erde. [Nr. 2.20]

Immer hatte er die Wüste vor Augen, der Gottesprophet. Und er dachte: »Schön, dass Gott uns Oasen gibt. Eine Oase, das ist ein kleines Paradies. Und da hat er seine Geschichte so erzählt:

1 MOSE 2,4B–25

Zuerst war alles trocken, als Gott Himmel und Erde machte. Da war nur Wüste, kein Baum, kein Strauch. Es konnte noch nichts wachsen. Es war ja noch kein Wasser da. Es hatte noch nicht geregnet. Und der Mensch, der Adam, war noch nicht da. Aber dann kam Wasser. Quellen brachen auf in der Erde. Regen kam von oben. Alles wurde feucht. Und da konnten es wachsen. Es grünte und blühte.

Und da machte Gott den Menschen, den Adam. Er machte ihn aus Wasser und Erde. Er hauchte ihm Atem ein, Atem des Lebens. Und der Mensch, der Adam, holte Atem. Er atmete, er lebte.

Und Gott machte einen Garten in der Wüste, eine Oase. Wasser strömte dort. Schöne Bäume wuchsen dort, Bäume mit herrlichen Früchten, ein kleines Paradies. Und Gott brachte den Menschen in den Garten. Er sollte darin arbeiten. Er sollte den Garten pflegen und behüten.

Und Gott gab dem Menschen die Tiere. Er sollte sie mit Namen rufen. Und Adam rief die Tiere mit Namen.

Und Gott gab dem Menschen die Frau. Sie sollte ihm helfen. Und er sah sie und rief: »Da ist sie! Sie gehört zu mir. Wir gehören zusammen.«

Vergleich der beiden Texte

So erzählte der Gottesprophet. Er kannte die Wüste. »Wasser gibt Leben«, dachte er. »Das Wasser ist etwas Gutes.«

Anders die Priester: »Wasser ist gefährlich«, dachten sie. Wasser kann von oben hereinbrechen und alles auf der Erde ertränken.

Beide Geschichten sind verschieden: Die des Gottespropheten ist einfach. Er sieht die Wüste und die Oase.

Die Priester wissen mehr. Sie sehen die Himmelskuppel über der Erdscheibe, Wasser oben und Wasser unten.

Jeder erzählte es anders. Aber in einem trafen sie sich, die Priester und der Gottesprophet. Beide wollten sagen: »Gott steht hinter allem, was ich kenne, hinter Himmel und Erde. Gott sprach – und es war da. Gott hat mit allem zu tun. Er ist der Herr der Welt. Er ist ein großer Gott.«

Sie wollten Gott danken mit dem, was sie sagten. Sie wollten Gott damit loben: »Du hast uns deine Welt geschenkt, den Himmel, die Erde. Du hast uns deine Welt geschenkt, Herr, wir danken dir.«

Einladung

Auch wir können Gott loben – mit Worten und Liedern, mit dem, was wir denken und tun. Auch mit dem, was wir bauen. So viel können wir bauen: Schiffe auf dem Meer und Schiffe unter dem Meer, Autos, Raumschiffe, Düsenflugzeuge und Hubschrauber, Radios, Fernsehapparate und Computer, Lokomotiven, Trecker und Baumaschinen, riesengroße Häuser, Eisenbahnen, Brücken, Tunnels und Autobahnen. Ja, wir können Gott dafür danken.

Wir können das Weltall erforschen in seinen unendlichen Weiten – Herr Gott, wir danken dir.

Wir können die winzig kleinen Atome erforschen und wie sie zusammengesetzt sind – Herr Gott, wir danken dir.

Wir können uns freuen an der Sonne. Alles kann leben unter der Sonne – Herr Gott, wir danken dir.

Die Welt ist schön. Sie ist schön gemacht. Es wächst und blüht – Blumen und Bäume – Herr Gott, wir danken dir.

Wir können helfen und Gutes tun – Herr Gott, wir danken dir.

Einspruch

Dann aber gibt es Tod und Verderben. Menschen haben Angst. Menschen müssen hungern. Menschen bringen Menschen um. Menschen zerstören, was Menschen gebaut haben. Menschen machen Krieg. Wer will Gott dafür danken?

Bekenntnis

Es ist Sache der Menschen, wenn es Krieg gibt und Angst und Hunger, wenn sie zerstören, was sie gebaut haben, wenn sie andere Menschen töten. Es ist Sache der Menschen.

Es kann auch anders sein: Menschen können verhindern, dass es Krieg gibt. Menschen können etwas dazu tun, dass es weniger Angst gibt in der Welt, weniger Hunger, weniger Krankheit, weniger Not. Wir alle können etwas dazu tun.

Immer werden Menschen hungern. Immer werden Menschen Angst haben. Immer werden Menschen sich streiten. Aber das Böse kann sich wenden zum Guten, wenn wir alle mithelfen, auch du, auch ich.

Jesus Christus

3. Jesus aus Nazareth

Hinweise

Jesus von Nazareth war ein exemplarischer Mensch. Er lebte einfach, arm. Er war warmherzig und gütig. Zugleich war er ein weiser Mensch, heilig, von innen erleuchtet, einer, der die Überlieferung seines jüdischen Volkes, die Botschaft von einem liebenden Gott den Menschen seiner Zeit wirkmächtig auszulegen wusste. Seine Ausstrahlung war ungewöhnlich. Er liebte seine Mitmenschen. Man hat gesagt, er sei der größte Liebende dieser Welt gewesen.

Menschen, deren Lage in der damaligen Welt aussichtslos erschien, war er nahe: Kindern, Kranken, ja Römerfreunden. Er gab ihnen Hoffnung auf Gottes neue Welt, die so ganz anders sei als alles alltäglich Erfahrene. Er war so etwas wie ein Arzt der Seelen und der Körper. Blinde, Lahme, Aussätzige, Geisteskranke wurden unter seiner Hand gesund.

Jesus von Nazareth war ein großer Erzähler. Mit seinen Geschichten (Gleichnissen) hat er Hoffnung vermittelt und Glauben gestiftet. Und er liebte die Kinder. Er machte deutlich: Gerade sie sind von Gott in besonderer Weise angenommen. Wer wie ein Kind wird, der ist ganz bei Gott.

Dieser exemplarische Mensch Jesus aber – in seiner liebenden Hinwendung zu den Menschen, in seiner Güte unübertroffen – wurde von den Römern, die damals die Macht in Judäa und Jerusalem hatten, in Gewahrsam genommen, als Aufrührer verurteilt und am Schandkreuz zu Tode gebracht. Doch das war nicht das Ende.

Die nachösterlichen Christen (u. a. die Evangelisten, die ihm zu seinen Lebzeiten nie begegnet sind) bezeugten Jesus als den, der unter ihnen ganz neu lebendig geworden war, den sie zu »sehen« vermochten und dessen Botschaft sie – sie konnten nicht anders – in alle Welt hinaustrugen.

Im Einzelnen

- Wichtig ist, dass sich die Kinder zunächst mit dem geschichtlichen Jesus befassen, dem Menschen unter Menschen in historischer Zeit und an historischem Ort (Familienleben in Galiläa, jüdische Religiosität, erste Predigt, Heilungen, Gleichnisse, Ende am Richtkreuz der römischen Fremdherrn).
- Erst danach führt der Weg des Lernens zum österlich bezeugten Christus, dem auferstandenen Herrn der Gemeinde. Das wird in diesem Teil nur angedeutet, in den nachfolgenden Teilen über Ostern und Pfingsten dann reich entfaltet.
- Der Wunsch ist, dass die Kinder in der Auseinandersetzung mit diesem Jesus aus Nazareth sich ihm zuwenden, dass sie seine Botschaft hören, sich von ihm leiten lassen, ihm vertrauen, ja, dass sie ihn vielleicht zu lieben beginnen.

a. Die Welt, in der Jesus aufwuchs

Was wir tun können

- Vorkenntnisse der Kinder beachten, u. U. behutsam korrigieren.
- In geografischer, politischer und religiöser Hinsicht eine Sachkunde Palästinas erarbeiten; z. B. Informationen zu dem Verhältnis zwischen Galiläa und Samaria, zur römischen Fremdherrschaft, zu den Lebensbedingungen in Nazareth (Familie Jesu, Synagoge, Schule) sowie zum Passafest im Tempel von Jerusalem.
- Jesus im Zeugnis der Bibel und in seiner gegenwärtigen Bedeutung wahrnehmen (Überblick).

Jesus im Zeugnis der Bibel

Von Jesus hat jeder schon einmal gehört. Was wissen wir über ihn?

Das Neue Testament bezeugt: Er kommt von Gott. Er hat Wunder getan. Er ist für uns gestorben. Gott hat ihn auferweckt. Er ist lebendig bei uns.

Das Neue Testament sagt aber auch: Jesus war ein Mensch. Er ist geboren wie ein Mensch. Er hat gelebt wie ein Mensch. Er ist gestorben wie ein Mensch, allerdings einen schrecklichen Tod, den Tod am Kreuz.

Jesus und seine Wirkung

Wir wissen: Was Jesus gesagt hat, was er getan hat, das ist ausgegangen über die ganze Erde. Davon haben seine Freunde erzählt und gepredigt. Das hat eine große Wirkung gehabt bis heute.

Christen sagen heute: Wir denken oft an Jesus. Wir hören auf ihn. Wir reden von ihm. Wir richten uns nach ihm. Er ist unser Herr. Er ist immer bei uns. Er spricht zu uns in seinem Wort. Er nimmt uns an als seine Freunde.

Was können wir wissen?

Vieles von dem, was wir von Jesus erzählen, steht im Neuen Testament. Anderes haben kluge Menschen, die viel über Jesus und seine Zeit nachgedacht haben, herausgefunden. Sie haben gesagt: »So könnte es gewesen sein.«

Vieles wissen sie genau: Jesus war ein Jude. Er lebte im Land der Juden, in Palästina am Mittelmeer. Heute heißt das Land Israel.

Palästina

KARTE VON PALÄSTINA (ZUR ZEIT JESU) [Nr. 3.21]

Palästina hatte drei Landesteile: Das Gebiet im Norden um den See Genezareth, genannt Galiläa, das Bergland in der Mitte, genannt Samaria, und das Bergland im Süden, genannt Judäa. Jerusalem in Judäa war die Hauptstadt aller Juden, des ganzen Volkes Israel.

Der Fluss von Palästina ist der Jordan. Er kommt aus den Bergen im Norden, fließt durch den See Genezareth, dann weiter nach Süden bis in den großen salzigen See mitten in der Wüste, genannt das Tote Meer.

Das Römische Reich

ZEICHNUNGEN: ROM, KAISER, MÜNZE DES TIBERIUS

So ist es zur Zeit Jesu: Palästina ist kein freies Land. Die Römer haben Palästina erobert und besetzt. Sie haben die Macht in Palästina. Ihre Soldaten sind in der Stadt Caesarea am Mittelmeer und auch in Jerusalem. [Nr. 3.22]

Zur gleichen Zeit sind die Römer auch am Rhein in Deutschland, in Köln und Bonn und Mainz. Sie sind an der Mosel in Trier und an der Donau in Regensburg. Sie haben auch Frankreich erobert und Spanien und Nordafrika. Ihr Reich ist ein Weltreich. Rom ist ihre Hauptstadt. Und Tiberius ist ihr Kaiser.

So ist es zur Zeit Jesu: Die Römer haben Landesfürsten eingesetzt in Palästina. Einer von ihnen ist Herodes Antipas, der Landesfürst von Galiläa. Herodes Antipas gehorcht Kaiser Tiberius. Er verehrt den Kaiser. Er hat am See Genezareth eine prächtige Stadt gebaut. Sie heißt Tiberias. Hier hat Herodes Antipas seinen Palast.

Zeloten

So ist es zur Zeit Jesu: Viele Juden kämpfen gegen die Römer, heimlich, als Rebellen, besonders in den Bergen von Galiläa. Man nennt sie Eiferer, griechisch: Zeloten.

Die Zeloten wollen die Römer aus Palästina vertreiben. Sie wollen selbst wieder Macht haben in ihrem Land. Aber sie können die Römer nicht besiegen.

Samaritaner

So ist es zur Zeit Jesu: In Galiläa wohnen Juden. In Judäa wohnen Juden. In Samaria aber wohnen Menschen, die den Juden fremd sind, die Samaritaner.

Die Juden gehen nicht nach Samaria. Wenn sie von Judäa nach Galiläa wollen oder umgekehrt, machen sie einen Umweg durch das Land östlich des Jordans. Sie wollen mit den Samaritanern nichts zu tun haben.

»Die beten nicht in unserem Tempel, dem Tempel Gottes in Jerusalem«, sagen sie. »Gott mag die Samaritaner nicht. Man muss sie verachten.«

Aber die Juden verachten sich auch untereinander. Die aus Judäa, aus der Hauptstadt Jerusalem, halten nicht viel von den Landbewohnern aus Galiläa. Sie sagen: »Was kann aus Galiläa schon Gutes kommen.« – Jesus kommt aus Galiläa.

Galiläa

BILD: FISCHER AM SEE GENEZARETH

Zwischen den Bergen von Galiläa liegt der See Genezareth. Viele Fische gibt es darin. Jede Nacht fahren Fischer hinaus, um ihre Netze auszuwerfen. [Nr. 3.23]

Die Fischer wohnen in den Dörfern am See, in Magdala, in Bethsaida, in Kapernaum. Rings um den See ist fruchtbares Land: Kornfelder, Wiesen, Nussbäume, Feigenbäume, Olivenbäume. Es ist wie ein großer Garten.

Manchmal gibt es einen Sturm auf dem See, ganz plötzlich, von einer Minute zur anderen.

Nazareth

Jesus wohnt in Nazareth. Das Dorf liegt an einem Berghang. Hier ist der Boden nicht so fruchtbar. Aber man schaut weit ins Land: Berge nach allen Seiten. Man schaut hinunter in die Ebene. Sie heißt Jesreel. Eine Straße läuft dort unten, eine Handelsstraße. Sie kommt aus Ägypten im Süden und führt nach Damaskus im Norden.

Händler ziehen dort, Karawanen, Kamele, Maultiere, Esel, beladen mit kostbaren Gütern, mit Seide und Teppichen, mit Gewürzen, Myrrhe und Balsam.

Steuern

Wie alle anderen Juden müssen auch die Leute aus Nazareth Steuern zahlen, harte Steuern an die Römer und jedes Jahr die Tempelsteuer für den Tempel in Jerusalem.

Berufe und Broterwerb

Die Leute von Nazareth sind arm. Bauern säen und pflügen auf kleinen, steinigen Feldern. Sie schneiden das Korn mit der Sichel. Von silbriggrünen Bäumen ernten sie Olivenfrüchte. Sie pressen Öl daraus.

Hirten treiben Ziegen und Schafe über die trockenen Hänge. Manchmal verläuft sich ein Tier. Dann muss der Hirte es lange suchen.

Josef aus Nazareth ist Handwerker, Zimmermann. Er bearbeitet das Holz aus den Wäldern um Nazareth. Er sägt Balken und Bretter daraus. Er hat eine Zimmermannswerkstatt. Viele andere Handwerker gibt es in Nazareth, Töpfer und Weber, Schneider und Färber, Schmiede und Maurer, Korbflechter und Sandalenmacher.

Josef, Maria und Jesus

Josef ist mit Maria verheiratet. Maria ist die Mutter von Jesus. Jesus ist ein Kind wie andere Kinder auch. Er hat laufen und sprechen gelernt. Er spielt mit den Kindern aus Nazareth in den Straßen oder auf dem Markt.

Das Haus ist nicht groß. Es hat einen Raum für die Tiere. Dann ist da die Werkstatt von Josef und ein großer Raum für die Familie. Nachts schläft Jesus auf einer Schlafmatte am Boden, wie alle aus der Familie.

Alltagsleben in Nazareth

Beim Essen sitzen alle am Boden rings um einen niedrigen Tisch. Es gibt Brotfladen, flach und hart gebacken. Man kann Stück um Stück davon abbrechen. Sie essen Oliven dazu, auch Gemüse und Obst. Sie trinken Ziegenmilch oder Wein oder auch Wasser, das Maria vom Brunnen geholt hat. [Nr. 3.24]

Oft essen sie Fische. Wenn es Fleisch gibt, dann vom Schaf. Schweinefleisch darf man nicht essen. Das ist verboten im jüdischen Gesetz. Zusammen essen, das bedeutet viel für die Juden.

Der Sabbat

BILDER: IN DER SYNAGOGE / PHARISÄER / THORA-ROLLEN

Wenn am Freitagabend die Sonne untergegangen ist, beginnt der Sabbat, der Sonntag der Juden, der Tag Gottes. Am nächsten Tag ist Gottesdienst. Viele gehen in das Gemeindehaus von Nazareth, in die Synagoge. Fromme Männer sind da, die Pharisäer.

Sie achten auf das Gesetz. Viele von ihnen sind sehr streng. Beim Gebet tragen sie ein Kästchen an die Stirn gebunden, ein anderes mit langem Riemen am linken Arm. Darin sind Pergamentstreifen mit Worten des Gesetzes. [Nr. 3.25]

Vorn in der Synagoge steht das Lesepult, der Leuchter mit den sieben Armen und das Wichtigste: der Kasten mit den Schriftrollen. Eine Schriftrolle ist aus vielen Blättern Papier zusammengeklebt, eng beschrieben und aufgerollt. [Nr. 3.26]

Alle Schriftrollen zusammen, das ist die Bibel der Juden. Die fünf Bücher Mose gehören dazu. Sie heißen bei den Juden Thora: Gesetz.

Der Synagogengottesdienst

Der Gottesdienst hat begonnen. Zu Beginn spricht der Leiter der Gemeinde uralte Worte: »Hört, ihr alle aus Israel: Unser Gott ist der einzige Gott. Er ist der Herr und keiner sonst. Ihr sollt ihn liebhaben, unseren Gott, von ganzem Herzen, von ganzer Seele und mit all eurer Kraft.«

Dann beten sie zusammen. Dann spricht der Leiter den Segen: »Der Herr segne dich. Der Herr schütze dich. Der Herr sei immer bei dir.«

Der Diener der Synagoge geht zu dem Kasten. Er nimmt die Thorarolle heraus. Er bringt sie zum Lesepult. Einer aus der Gemeinde ist herangetreten. Er öffnet die Rolle. Er ist für diesen Tag zum Lesen ausgesucht. Er liest den Abschnitt, der für diesen Tag vorgeschrieben ist.

Dann bringt der Diener eine andere Rolle, eine Prophetenrolle. Wieder wird vorgelesen. Diesen Abschnitt kann man sich selbst aussuchen. Über diesen Abschnitt wird dann gepredigt.

So ist es immer, wenn die Juden Gottesdienst feiern in der Synagoge. Jedes Mal wird etwas anderes vorgelesen. Jedes Mal wird es erklärt.

Schule in Nazareth

BILD: KINDER BEIM THORA-LERNEN

Alltags ist Schule in der Synagoge. Die Kinder aus Nazareth lernen bei dem Rabbi, dem Lehrer der alten Schriften. Sie lernen die uralten Geschichten des Volkes, die Geschichten von Mose, von Abraham, Isaak und Jakob. [Nr. 3.27]

Sie lernen aus den 613 Geboten ihres Volkes, aus den Geboten der Thora, aus dem Gesetz, etwa: Du darfst am Sabbat kein Feuer anzünden! Oder: Du darfst kein Fleisch von Schweinen essen!

Sie lernen auch das wichtigste Gebot aus der Thora: »Du sollst Gott liebhaben und zu den anderen Menschen sollst du freundlich sein.« Stück für Stück lernen sie. Mit gekreuzten Beinen sitzen sie am Boden. Laut spricht der Rabbi vor. Laut sprechen die Kinder es nach.

Auch Jesus lernt das Gesetz. Er lernt es zusammen mit den anderen Kindern aus Nazareth. Der Rabbi sagt: »Was ihr lernt, das sollt ihr euch immer wieder vorsprechen – wenn ihr zu Hause seid, wenn ihr unterwegs seid, wenn ihr euch hinlegt, wenn ihr aufsteht.«

Jesus lernt auch, in den Schriftrollen zu lesen. Sie sind in hebräischer

Schrift geschrieben. Man liest von rechts nach links, wie es aufgeschrieben ist. Nicht alle können hebräisch lesen. Nicht alle können hebräisch schreiben. Es ist sehr schwierig.

Aramäisch: der Name Jesu

Zu Hause spricht Jesus aramäisch wie alle Juden in Palästina und in den Nachbarländern. Auf Hebräisch lautet der Name Jesus »Jeschua«, das heißt »Gott hilft«. [Nr. 3.28]

Das Passafest

Die Juden haben große Feste. Eines davon ist das Passafest. Sie feiern es in Jerusalem, im Tempel, ihrem größten Heiligtum. Tausende kommen in die Stadt aus allen Ländern der Erde, auch aus Galiläa, auch aus Nazareth. Jeder bringt ein Lamm. Oder er kauft es im Vorhof des Tempels. Er bringt es zum Opfer. Denn im Tempel werden Tiere geopfert. [Nr. 3.29]

Alle denken daran, wie es damals war in den uralten Zeiten ihres Volkes: Gott hatte sie befreit von der Herrschaft der Ägypter. Sie waren aus Ägypten ausgezogen. Und in der Nacht vor dem Auszug hatten sie Lämmer geschlachtet und Brot gegessen, das noch nicht durchsäuert war.

Daran denken sie, wenn sie das Passafest feiern. Sie erzählen davon. Und sie schlachten Lämmer. Wie damals. Sie essen Brot, das ohne Sauerteig gebacken ist. Wie damals.

Der Tempel

BILD: REKONSTRUKTION DES TEMPELS [Nr. 3.30]

Jesus ist zwölf Jahre alt. Zum ersten Mal darf er mit zum Passafest. Er gehört jetzt zur Gemeinde. Er kommt mit den Pilgern aus Nazareth. Zum ersten Mal sieht er den Tempel Gottes, hoch über der Stadt Jerusalem, die riesigen Mauern und mitten darin das Tempelhaus, weiß und golden und strahlend.

Jesus kommt in den riesigen Vorhof des Tempels. Unzählbar viele Menschen sind hier aus allen Ländern der Welt. An allen Seiten große Säulenhallen. Jesus geht durch ein Tor. Er kommt in den Frauenvorhof. Wieder geht er durch ein Tor. Er kommt in den Männervorhof. Seine Mutter ist zurückgeblieben.

Jesus sieht den Brandopferaltar vor dem Eingang zum Tempelhaus. Überall Priester – und dann die vielen jüdischen Männer in langen Reihen, jeder mit seinem Lamm für das Opfer. Jesus sieht, wie die Tiere getötet werden, rasch und schmerzlos. Die Tiere werden zerteilt. Einige Teile werden verbrannt. Jesus sieht den Rauch aufsteigen am Brandopferaltar. Er hört die Tempelmusik, die Silbertrompeten.

Am Abend essen sie das Passamahl in der Stadt. Sieben Tage dauert das Fest. Danach zieht jeder wieder zurück in seine Stadt. Zum Abschied sagen sie alle: »Nächstes Jahr in Jerusalem.«

b. Der erwachsene Jesus und seine Zeit

Was wir tun können

- Das Jesusbild erörtern (das Aussehen eines Galiläers damals; verschiedene Jesusdarstellungen in der Kunst).
- Sich mit dem Wirken und der Wirkung Jesu auseinandersetzen, u. a. mit der Messiaserwartung, der Predigt des Täufers und der Taufe Jesu; mit den Jüngerberufungen und den Streitgesprächen, mit der Kindersegnung und den Krankenheilungen.
- Das Passionsgeschehen nacherleben: Letztes Passafest in Jerusalem, Tempelreinigung, Todesbeschluss, Verhaftung, Verhör, Verurteilung, Kreuzigung und Tod.
- Auf das Ostergeschehen vorausschauen.

Jesus, der Mann aus Nazareth

Viele Jahre vergehen. Jesus ist ein Mann geworden. Wie sieht Jesus aus? Wie andere Galiläer seiner Zeit: dunkle Augen, dunkle Haare. [Nr. 3.31]

Die Galiläer zur Zeit Jesu tragen einen Bart, die Haare mit feinem Öl gesalbt. Sie tragen das Hemdkleid mit einem Gürtel aus Leinen und ein großes Tuch als Obergewand darübergeworfen. An den Füßen tragen sie Riemensandalen und auf dem Kopf ein Tuch, das hinten herabhängt.

Jesus-Bilder

BILDER: JESUS IN ALTEN BIBELN; IN KINDERBIBELN, VOR ALLEM IN KÜNSTLERISCHEN DARSTELLUNGEN (GEMÄLDE, SKULPTUR)

Niemand weiß, wie Jesus wirklich ausgesehen hat. Später wurden immer wieder Bilder von ihm gemalt. Jeder Maler malte ihn anders, je nachdem, wie er es sich vorstellte, je nachdem, in welcher Zeit er lebte, je nachdem, in welchem Land er lebte.

Viele Maler gaben Jesus einen Heiligenschein. Auch viele Kinder malen ihn so. Sie wollen damit zeigen: Jesus ist für uns etwas Besonderes. Aber Jesus hatte keinen Heiligenschein. Er sah aus wie andere Menschen.

Warten auf den Messias

So ist das in der Zeit Jesu: Viele Menschen warten auf den Messias. Sie sagen: »Er wird ein großer Heerführer sein, der uns von den Römern befreit.«

Andere sagen: »Nein, er wird ein Mann des Friedens sein, der allen Völkern Frieden bringt, auch den Römern.«

Viele Menschen denken: »Bald kommt das Ende, das Gericht. Es dauert nicht mehr lange.«

Johannes der Täufer

MK 1,2–11

Einer predigt von diesem Gericht. Es ist Johannes. Er ist aus der Wüste gekommen. Er predigt am Jordan. Die Menschen laufen ihm zu. Johannes ruft: »Kehrt um zu Gott. Bessert euch! Lasst euch taufen! Lasst euch reinwaschen von allem Schlechten. Sonst kommt ihr ins Gericht.« Die Menschen hören auf ihn. Viele lassen sich taufen. Sie lassen sich reinwaschen, viele aus Judäa.

Taufe Jesu

Auch Jesus kommt. Er kommt aus Galiläa. Er kommt zu Johannes. Er sagt: »Taufe mich!« Es geschieht. Johannes tauft ihn. Er taucht Jesus unter im Wasser des Jordans. Und als Jesus herauskommt aus dem Wasser, da ist der Himmel Gottes offen über ihm.

Jesus predigt vom Verlorenen

Es ist in Galiläa: Jesus redet zu den Menschen. Immer wieder hat er in den Schriftrollen gelesen. Immer wieder hat er nachgedacht über all das von Gott.

LK 15,4–7

Jetzt geht er unter die Leute. »Hört mich an: Ein Hirte hat 100 Schafe. Eins hat sich verlaufen. Es findet nicht zurück. Da lässt der Hirte die 99 anderen zwischen den Steinwällen zurück und sucht das eine, bis er es findet. Er bringt es zu den anderen zurück. Er freut sich, dass er es wiederhat. [Nr. 3.32]

So ist das mit Gott«, sagt Jesus. »Gott sucht jeden, der verloren ist, bis er ihn findet.« Die Menschen horchen auf.

Jüngerberufung

MK 1,16–20

Es ist in Galiläa: Jesus ruft Menschen zu sich, ganz einfache Menschen, Fischer vom See Genezareth. »Kommt zu mir!«, ruft er. »Ich sage euch etwas von Gott, das ist wichtiger als alles andere.«

Die Fischer gehen mit, Petrus und Andreas, Johannes und Jakobus. Sie lassen alles zurück, ihre Netze, ihre Boote, ihr Haus, ihre Familie. Sie gehen mit Jesus. Sie wollen seine Freunde sein. Sie wollen hören, was Jesus zu sagen hat von Gott. Sie wollen jetzt Menschen fangen für Gott.

Es gehört schon etwas dazu, wegzugehen und seine Familie allein zu lassen. Jesus sagt: »Macht euch keine Sorgen. Das Gottesreich ist nah.«

Es ist in Galiläa: Jesus ruft: »Hört, hört mich! Gott ist zu euch gekommen! Gott ist bei euch! Gott ist euer König! Hört auf Gott!«

Levi

MK 2,13–17

Es ist in Galiläa: Jesus ruft Levi, den Zolleinnehmer. Der arbeitet mit den Römern zusammen, mit den Feinden. Der sitzt an der Straße. Der nimmt mehr Zoll, als recht ist. Levi ist ein Dieb, ein verachteter Straßenzöllner. Die Leute hassen ihn.

Jesus ruft Levi: »Du da, komm mit. Ich will dir helfen. Gehe mit mir. Ich brauche dich!«

Und Levi kommt. Er geht mit Jesus. Sie gehen in Levis Haus. Jesus sitzt mit Levi an einem Tisch. Er isst mit einem Dieb.

Das sehen die Pharisäer. Sie schreien los: »Mit einem Dieb! Mit einem Römerfreund! Er isst mit einem Dieb! Ist er denn verrückt geworden?«

Jesus sieht sie an. »Levi braucht mich! Ich komme zu allen, die mich brauchen.« Die Pharisäer können das nicht verstehen. Sie denken: »Wir gehören doch zu Gott. Wir halten das Gesetz. Wir machen doch alles richtig.«

Jesus sagt: »Die ihr verachtet, um die kümmert sich Gott. Gott will ihr Freund sein.«

Gottes Kinder

MK 10,13–16

Es ist in Galiläa: Frauen und Kinder kommen zu Jesus. Sie gelten nicht viel damals. Was ist schon eine Frau? Was ist schon ein Kind!

Jesus ist freundlich zu den Frauen, freundlich zu den Kindern. Er sagt: »An den Kindern könnt ihr sehen, wie Gott euch haben will. Kinder sind Menschen, die sich etwas schenken lassen können.«

Und Jesus sagt zu den Menschen, die immer wieder zusammenlaufen: »Gott will, dass ihr seine Kinder seid. Ihr sollt Vater sagen zu Gott, zu Gott, von dem ihr denkt, er sei der Richter. Ihr könnt Vertrauen haben zu Gott.«

Unterwegs mit den Jüngern – Predigt vom Gottesreich

Überall redet Jesus so. Immer ist er unterwegs. Er geht von einem Ort zum anderen. Heute ist er in den Bergen, morgen am See, heute in Nazareth, morgen in Kapernaum. Seine Freunde gehen mit ihm. Immer essen sie zusammen.

Überall predigt Jesus von Gott: »Das Reich Gottes ist bei den Armen, bei denen, die hungern, bei denen, die krank sind, bei denen, die weinen, bei denen, die verfolgt und unterdrückt werden!«

Die Menschen horchen auf: Er sagt das wie einer, der Macht hat. Sie wollen immer mehr hören. Sie laufen Jesus nach. Auf den Straßen und in den Synagogen.

Krankenheilungen

MK 3,10–12

Es ist in Galiläa. Die Menschen bringen Kranke zu Jesus. Sie denken: Krankheit ist eine Strafe Gottes. Jesus sagt: »So ist es nicht. Gott liebt diese Kranken. Damit ihr es glaubt, will ich es zeigen.«

Und Jesus heilt diese Kranken. Er sagt: »Das ist ein Zeichen. Gott will euch helfen.« Jesus geht in die Häuser, wo die Kranken liegen. Er legt ihnen die Hand auf. Sie werden gesund. Kräfte gehen aus von ihm. Er kann Kranke heilen. Aber das können andere auch.

Die Menschen bringen Geisteskranke zu Jesus. Sie denken: »Ein böser Geist steckt in ihnen. Der muss heraus.« Jesus treibt diese bösen Geister aus. Er heilt die Kranken. Er sagt: »Das ist ein Zeichen. Gott will euch helfen.«

Folgen der Gottespredigt

MK 4,2–9

Und Jesus erzählt: »Hört zu: Ein Bauer geht auf sein Feld. Beim Säen geschieht es: Einige Körner fallen auf den Weg. Vögel picken sie auf. Einige Körner fallen auf steinigen Boden. Wenig Erde ist da. Die Saat keimt. Die Saat geht auf. Dann vertrocknet sie in der Glut der Sonne. Einige Körner fallen ins Dorngestrüpp. Die Saat keimt. Die Saat geht auf. Aber dann wird alles erstickt.

Einige Körner fallen in gutes Land. Die Saat keimt. Die Saat geht auf. Die Halme wachsen. Sie bringen Frucht, Ähren mit dreißig, Ähren mit sechzig, Ähren mit hundert Körnern. – Hört zu«, sagt Jesus. »So ist das mit Gott: Was Gott euch sagt, soll auf gutes Land fallen, es soll Frucht bringen bei euch. Wer Ohren hat, wer hören kann, der soll hören.«

Viele Menschen hören. Sie verstehen, was Jesus sagen will. Andere sind wie blind. Sie sehen nichts. Sie hören nichts. Sie sagen: »Dieser Jesus, der redet mit unseren Feinden, mit Ausländern, mit Samaritanern, der redet mit den Ausgestoßenen, mit Ehebrechern und Steuereintreibern.«

Jesus sagt: »Viele von ihnen kennen Gott besser als ihr.« Da sind sie empört: »Was redet der da?« Sie werden zornig. »So kann das nicht weitergehen!«

Die Freunde von Jesus aber sagen: »Du bist wie ein Rabbi, wie ein Lehrer der Schrift. Du kennst die alten Schriften. Du kannst sie erklären.«

Doch Jesus erklärt vieles anders als die Schriftgelehrten.

Auseinandersetzung mit den Schriftgelehrten

MT 5,21–23

Die Schriftgelehrten sagen: »Du sollst niemanden töten.« Jesus sagt: »Wenn du zu deinem Bruder sprichst: du Feigling, du Dummkopf – dann hast du ihn schon getötet.«

MT 5,38–39

Die Schriftgelehrten sagen: »Wenn dich einer schlägt, dann schlag ihn wieder. So steht es geschrieben.« Jesus sagt: »Schlag ihn nicht wieder! Vergelte nicht Böses mit Bösem.«

MT 5,43–48

Die Schriftgelehrten sagen: »Ihr sollt euren Freund lieben, den, der zu eurem Volk gehört, euren Feind nicht.« Jesus sagt: »Helft auch euren Feinden, die nicht zu eurem Volk gehören, wenn sie euch brauchen. Helft auch den Samaritanern. So will es Gott. Jeder ist euer Nächster.«

Viele Menschen sind entsetzt, wenn Jesus so redet. »So hat noch nie einer zu uns gesprochen. Bei ihm ist alles anders. Wo hat er das her? Von Gott?«

MK 6,1–3

Nur in Nazareth sagen sie: »Wer ist er schon! Er ist doch bloß ein Handwerker, der Sohn der Maria.« Und seine Feinde sagen: »Was er redet, das ist verboten. Das ist nicht von Gott. Das ist gegen Gott.«

Der Mensch ist wichtiger als das Gesetz

MK 2,27

Jesus heilt Kranke am Sabbat. Seine Feinde sagen: »Am Sabbat! Das darfst du nicht! Das ist verboten im Gesetz!« Jesus sagt: »Was ist wichtiger, das Gesetz oder der Mensch? Ich helfe dem Menschen. Das ist das Wichtigste! Seid nicht so starr mit eurem Sabbat! Seid nicht so starr mit eurem Gesetz!«

MT 12,14

Seine Feinde werden böse: »Alles bringt er durcheinander. Alles stößt er um. Das Gesetz bringt er in Gefahr, unser heiliges Gottesgesetz. So geht es nicht weiter mit ihm.«

Das letzte Passafest

Jesus kommt nach Jerusalem, in die heilige Stadt Gottes. Seine Freunde kommen mit ihm. Die Stadt wimmelt von Menschen, Juden aus aller Welt. Es ist kurz vor dem Passafest.

MT 21,10

Jesus will es allen sagen: Gott ist König auf immer und ewig. Sein Reich ist mitten unter euch. Immer wieder sagt Jesus das. Eine Bewegung geht von ihm aus. Viele hören. Viele fragen: »Wer ist der?« Seine Freunde sagen: »Es ist Jesus, der Prophet aus Nazareth in Galiläa.«

Unruhe ist in der Stadt. Es kann Aufruhr geben. Die Römer haben Truppen hergebracht, Soldaten aus Caesarea. Ihr Befehlshaber ist Pontius Pilatus. Auch Herodes Antipas ist gekommen.

Alle Juden denken dasselbe: Wie war es damals – unter der Zwangsherrschaft der Ägypter? Gott hat uns befreit. Wie ist es heute – unter der Zwangsherrschaft der Römer? Wird Gott uns befreien?

Tempelreinigung

MK 11,15–17

Jesus kommt in den Tempel, in den großen Vorhof: Ein unübersehbares Gedränge, Tausende und Abertausende, Menschen und Tiere durcheinander. Schafe blöken. Tauben flattern in Käfigen. Händler schreien. An Wechseltischen wird Geld gewechselt.

Alle kaufen und verkaufen. Alle denken ans Opfer. Viele wollen nur Geld verdienen damit. An Gott denken sie nicht.

Voller Zorn fährt Jesus dazwischen: »Gott will euer Opfer nicht! Gott will, dass ihr betet. Dies ist ein Haus, wo man betet.« Jesus stößt ihre Tische um. Er treibt sie hinaus. »Dies ist ein Gotteshaus.«

Todesbeschluss

MK 11,18–19

Das sehen die Herren des Tempels, die Oberpriester. Sie kommen zusammen mit den Führern des Volkes. Sie halten Rat: »Was sollen wir tun?

Die Menschen laufen ihm nach, diesem Propheten aus Galiläa. Er hat Macht über sie. Das kann Aufruhr geben. Das ist gefährlich. Das werden die Römer nicht zulassen. Besser einer stirbt als wir alle.«

Verhaftung

MK 14,43–46

Sie fassen einen Beschluss: »Wir müssen ihn gefangen nehmen – heimlich. Wir müssen ihn beseitigen.« Es geschieht: Jesus wird verhaftet – heimlich. Tempelsoldaten fassen ihn – bei Nacht. Einer hat Jesus verraten, einer von seinen Freunden.

Verhör und Verurteilung

MK 15,1–2.15–19

Jesus steht vor dem Hohen Rat, vor den Priestern und Führern des Volkes. Sie verhören ihn. Am nächsten Tag lassen sie ihn zu Pilatus bringen, gefesselt. Der römische Statthalter Pontius Pilatus, der Herr in Jerusalem, hat Macht über Leben und Tod.

Pilatus hört die Anklage: »Dieser Jesus ist ein Aufrührer. Er bringt alle in Gefahr, unser Gesetz, uns und euch!« Pilatus fragt Jesus: »Bist du ein Messias? Bist du der König der Juden?« Jesus antwortet: »Mein Königreich ist nicht von dieser Welt.« Pilatus hört kaum hin. Schon spricht er das Urteil: »Dieser Jesus soll gekreuzigt werden.«

Kreuzigung, das ist die Strafe der Römer für einen Sklaven, für einen Aufrührer, für einen Verbrecher. Und wie ein Verbrecher wird Jesus behandelt: Er wird ausgepeitscht. Römische Soldaten foltern ihn. Sie treiben ihren Spott mit ihm.

Kreuzigung

MK 15,20–24

Dann führen sie ihn durch die Straßen hinaus zum Richtplatz. Jesus muss den Balken selbst tragen, den Querbalken für das Kreuz. Ein Mann begegnet ihnen, Simon aus Kyrene. Jesus hat keine Kraft mehr. Da muss Simon den Balken tragen. Die Soldaten zwingen ihn dazu.

Sie kommen zum Richtplatz, draußen vor der Stadt. Die Soldaten ziehen Jesus nackt aus. Sie werfen ihn auf die Erde. Sie nageln seine Hände an den Querbalken. Sie ziehen den Balken hoch am Richtpfahl. Sie nageln seine Füße fest.

LK 23,32–33

Zwei andere werden mit Jesus gekreuzigt, zwei Juden, die gegen die Römer gekämpft haben.

Jesus hängt am Kreuz. Er kann nicht atmen. Er bekommt keine Luft. Er quält sich furchtbar. Laut schreit er. Dann ist er tot. Seine Freunde sind nicht da. Sie sind geflohen – aus Angst! [Nr. 3.33]

Grablegung

MK 15,42–46

Am Abend kommen andere Freunde. Sie nehmen Jesus vom Kreuz ab. Sie wickeln ihn in Tücher. Sie legen ihn in eine Grabkammer, die aus einem Fels herausgehauen ist. Sie verschließen das Grab mit einem Rollstein.

Die Erfahrung von etwas Neuem

Aber es ist nicht zu Ende. Es geschieht etwas: Jesu Jünger kommen zurück. Sie haben keine Angst mehr. Sie fangen an zu reden, mitten in Jerusalem, einfache Menschen: Petrus und Johannes und der Bruder von Jesus, Jakobus, und all die anderen. Sie sagen: »Jesus ist auferstanden. Er lebt. Wir haben ihn gesehen. Nichts ist verloren. Jesus hat den Menschen geholfen. Das will er weiter tun – durch uns. Jesus hat den Menschen von Gott erzählt. Das will er weiter tun – durch uns.«

Und sie erzählen und erzählen. Überall. Wie ein Lauffeuer geht es aus. Wie ein Funke springt es über von Ort zu Ort, von Land zu Land und übers Meer. Und überall horchen die Menschen auf. Sie hören auf die gute Nachricht, auf diese frohe, befreiende Botschaft.

»Ihr seht Jesus nicht«, sagen die Boten. »Aber er will zu euch reden, alle Tage, durch uns. Er will euch helfen, alle Tage, durch uns. Er will, dass alles anders wird. Allen soll geholfen werden, allen, die Angst haben, allen Kranken, allen Hungernden, allen Unterdrückten.« So sagen die Boten. Und die Menschen horchen auf.

»Wir haben ihn gesehen«, sagen die Boten. »Jesus ist von Gott gekommen. Wir haben es erkannt. Uns ist ein Licht aufgegangen. Wir wissen jetzt, wer Jesus ist: Er ist von Gott. Die Führer unseres Volkes wollten ihn nicht. Römer haben ihn gekreuzigt. Wir aber wollen ihn, weil Gott ihn will. Unsere Feinde sagen: Er ist tot. Wir aber wissen, dass er lebt.« Die Menschen hören. Sie sind begeistert. »Erzählt mehr«, sagen sie, »mehr von Jesus von Nazareth, der uns Kunde bringt von Gott.«

Viele Juden werden seine Freunde und viele Menschen aus anderen Völkern. Immer mehr kommen zusammen. Sie essen miteinander. Sie beten. Sie erzählen von Jesus. Sie lassen sich taufen – in seinem Namen. Sie helfen sich untereinander – in seinem Namen. Sie helfen den Armen, wie Jesus es getan hat.

So ist es bis heute – überall in der Welt: Menschen kommen zusammen. Sie hören auf die Boten. Sie denken an Jesus. »Er ist unser Herr«, sagen sie. »Er ist lebendig unter uns. Sein Reich ist mitten unter uns. Er ist der König, der gesalbte König Gottes, der Messias – der Christus.«

4. Wunder

Hinweise

»Alles ist wie ein Wunder – irgendwie. Wenn ein Baum wächst – alles ist irgendwie wie ein Wunder. Wir leben alle wie durch ein Wunder. Aber vielen kommt das nicht wie ein Wunder vor. Sie denken nicht daran. Ein Baum ist wirklich wie ein großes Wunder. Wie der wächst. Wie viele Zweige der hat. Das sind alles Wunder, die mit Leben zu tun haben.«

Diese tiefe Einsicht eines Zehnjährigen zeigt: Menschen können die Welt staunend, ehrfürchtig und voller Dankbarkeit entdecken und annehmen als »Wunder der Schöpfung«. Wer sehen kann, wer sehen will, der sieht: Es gibt »Wunder« der Natur, »Wunder« der Technik, »Wunder« der mitmenschlichen Liebe. Es ist ein Wunder, wenn zwei Feinde sich die Hand zur Versöhnung reichen, es ist ein Wunder, wenn jemand auf den bettelnden Menschen am Straßenrand zugeht und freundlich mit ihm spricht. Wunder, das mag hiermit deutlich sein, sind nicht nur zu entdecken, sie sind auch zu vollbringen.

Im Einzelnen

- Jesus aus Nazareth vollbrachte mitmenschliche Wunder. Er heilte, sowohl körperliche als auch seelische Krankheiten. Im damaligen Sprachgebrauch: Er hat böse Geister ausgetrieben. Der geschichtliche Jesus war ein charismatischer Arzt und Exorzist.

  Anders als andere Wunderheiler damals und heute stellte Jesus seine Heilungstaten in den Dienst der Verkündigung von Gottes anbrechender Herrschaft unter den Menschen: »Wenn ich mit dem Finger Gottes die Dämonen unter euch austreibe, dann ist Gott mitten unter euch« (Lk 11,20).
- Diese Heilungstaten mögen, auch von ihrem theologischen Deutungsanspruch her, dem heutigen Menschen durchaus einsichtig sein. Wie aber steht es mit den Naturwundern, den Erzählungen von Jesus,

der auf dem Meer ging, den Seesturm stillte, Wasser in Wein verwandelte, fünftausend Menschen mit fünf Fischen und zwei Broten sättigte, Tote wieder zum Leben erweckte? Sollen wir das für wirklich geschehen erachten?

– Das müssen wir nicht. Wenn das Neue Testament solche Erzählungen aufnimmt, handelt es sich um »gepredigte Bilder«, um »Gleichnisse« als Zeichen der Hoffnung auf eine Zukunft mit Gott:

  Die Seesturmgeschichte, die Geschichte von der Weinverwandlung in Kana und andere sind nach dem Tod Jesu aus der Ostererfahrung, der Christus-Erfahrung der Gemeinden heraus entstanden. Als die christliche Botschaft sich durchzusetzen begann, als man in der damaligen Welt die Macht des Gekreuzigten zu erkennen begann und ihn als Kyrios, den Herrn, verkündigte, da geschah es im Vollzug dieser Predigten von Jahr zu Jahr, von Jahrzehnt zu Jahrzehnt, dass dieser Christus zum Wundermann Gottes wurde.

  Das müssen wir aufgeklärte Menschen der Gegenwart sehen: Bei den Christus-Wundergeschichten des Neuen Testaments handelt es sich um sprachlich gestaltete, um sprachlich verdichtete Bildpredigten, in denen Glaubenserfahrungen einer späteren Generation von Christen gleichnishaft transparent werden. Tiefe Erfahrungen von Bewahrung und Hilfe in tödlicher Gefahr und Anfechtung stehen dahinter, aber auch Erfahrungen von Freude und Fülle.

– Solche Erfahrungen wollen weitergesagt werden: »Ihr Kleingläubigen, warum habt ihr so wenig Vertrauen?« (Seesturmgeschichte); »Christus ist immer bei euch« (Jesus auf dem Meer); »Bei Christus ist die Fülle« (Brot-/Weinwunder); »Bei Christus ist das Leben« (Junger Mann in Nain).

– Wir wissen, dass Kinder einerseits spontan bereit sind, Jesus als einen Großmagier, der Stürme stillte und Tote erweckte, zu glauben – »weil er ja Gottes Sohn war«. Aber dies geschieht nur dort, wo Erwachsene durch naive Erzählungen entsprechende Voraussetzungen schaffen. Bei sachgemäßer Führung und Anleitung gewinnen Kinder ebenso Möglichkeiten, elementarisiert gebotene Forschungsergebnisse meditativ zu bedenken und damit Wundergeschichten von ihrer Entstehung und Botschaft her zu verstehen.

– Kinder haben ein Recht darauf, gegen alles vordergründig rationalistische Missverstehen etwas von der Theologie der Wundergeschichten des Neuen Testaments zu erfahren, von dem, was diese Zeichen, diese Signale, diese Bild-Geschichten sagen wollen, was sie *uns* sagen wollen.
– Wichtiges kann man entdecken in den Wundergeschichten, Wahrheit von Christus und von Gott: Er hat Großes getan, unbegreiflich und über alles Verstehen. Aber auch wir können etwas tun …

a. Wunder in der Lebenswelt

Was wir tun können
– Wunder im Alltag entdecken.
– Für solche Wunder danken lernen.
– Erkennen, dass Menschen Wunder tun können – auch Kinder.
– Von Wundertätern in biblischer Zeit erfahren.
– Das jüdische Wunderbekenntnis kennenlernen.

Sprachgebrauch

Wunder: Dinge, die es eigentlich nicht gibt, die ganz selten passieren, die scheinbar unmöglich sind, rätselhafte, außergewöhnliche Dinge: »Undenkbar. Unglaublich. Noch nie dagewesen. Nicht zu fassen: Ein Wunder.« So sagen wir.

Ein Mann fiel aus dem siebten Stock. Er blieb unverletzt: Ein Wunder. – Im Rechnen stehe ich auf Fünf. Jetzt habe ich eine Zwei geschrieben: Ein Wunder. – Die beiden waren Todfeinde. Jetzt haben sie sich versöhnt: Ein Wunder.

Überall Wunder: Eine wunderbare Blume. Ein wunderschönes Kleid. Ein wundersamer Ton. Ein Wunderkind. Ein Wunderdoktor. Eine Wunderheilung. Zauberwunder. Sieben Weltwunder. Wunder über Wunder …

Wunder der Technik

Menschen träumen. Sie forschen. Sie erfinden. Sie planen. Sie konstruieren. Sie bauen. Riesenflugzeuge fliegen am Himmel. Sie fallen nicht herunter. Ich kann Licht im Dunklen machen. Ich mache Wärme und Kälte. Ich kann fernhören, fernsprechen, fernsehen, fernschreiben.

Menschen bauen Bewegungsmaschinen: Autos. Menschen bauen Denkmaschinen: Computer. Menschen fliegen zum Mond. Die Saturnrakete – ein Wunderwerk. Menschen erforschen Venus und Mars. Raumsonden fliegen ins Weltall. Menschen erforschen das Atom, kleinste Bausteine der Natur. Unglaublich ist, was Menschen vermögen: Wunder des Denkens. Wunder der Technik.

Naturwunder

Wasser bahnt sich seinen Weg durch steinharten Fels. Same wird in die Erde gelegt. Es keimt. Es wächst. Es blüht. Es bringt Frucht.

Schön sind die Steine und die Kristalle, voller Farbe und Geheimnis. Libelle und Falke, Grashalm und Biene, Gewitter und Blitz und das Beben der Erde, das Ei des Vogels, am Himmel ein Stern: Wunder der Natur.

Das Wunder einer Blüte. Wunder der Bergwelt. Wunder der Tiefsee. Das Wunder des Weltalls: Milliarden von Sonnen, von Sternen – unzählige Galaxien: Wunder über Wunder …

Wunder fordern zum Gotteslob auf

PSALM 148,1–14

Wer sehen kann, der sieht. Wer staunen kann, der staunt. Wer beten kann, der betet: »Ihr Himmel der Himmel, ihr Tiefen des Meeres, ihr Berge und Hügel, ihr Tiere und Vögel, Feuer, Hagel und Schnee: Lobet Gott!«

Wunder im Leben der Menschen

Ein Kind wird geboren, ein neuer Mensch: Haare, Augen, Ohren, Finger, Zehen und alle Organe. Alles ist da. Ein ganzer Mensch. Zuerst war da nur eine Zelle, eine einzige Zelle, entstanden aus dem Ei der Frau und aus dem Samen des Mannes. Jetzt ist da ein Mensch, ein Kind, gewachsen im Mutterleib in neun Monaten, geboren zum Licht der Welt.

Es kann sehen, das Kind: seine Mutter, den Himmel, Sonne und Farben. Es kann hören: Klänge und Bienengesumm. Es kann fühlen. Es kann Töne machen. Es kann weinen und lachen: Ein Wunder.

PSALM 139,14

Wer sehen kann, der soll das sehen. Wer staunen kann, soll staunen. Wer beten kann, soll beten: »Herr, ich danke dir, dass dieses Kind so wunderbar gemacht ist. Herr, ich danke dir, dass ich so wunderbar gemacht bin.«

Menschen finden einander, ein Junge, ein Mädchen, ein Mann, eine Frau. Sie haben sich gern. Sie lieben sich. Sie wollen immer zusammen sein. Einer ist für den anderen da. Einer hilft dem anderen. Sie sind fröhlich. Sie sind glücklich. Ein Wunder ...

Wunder der Barmherzigkeit

Kinder hungern, Kinder überall in der Welt. Menschen sind da, Menschen, die helfen. Eine Frau gibt zu essen, ganz selbstverständlich. Sie macht es jeden Tag. Ihr Leben lang. Ihr ganzes Leben setzt sie ein für die Kinder – ein Wunder.

Kinder sind blind. Kinder sind ohne Gehör. Kinder sind gelähmt für ihr Leben. Kinder können nicht sprechen, nicht denken, nicht allein essen. Immer sind Menschen da, die helfen, Menschen, die heilen. Helfen und Heilen – ein Wunder.

Manche sagen: »Wunder gibt es nicht.« Aber: Können Menschen nicht Wunder tun? Kann Gott nicht Wunder tun an den Menschen?

Hoffen auf Wunder

BILD: LOURDES

Viele Menschen hoffen auf Wunder. Sie warten darauf. Sie glauben daran. So in Lourdes, in Frankreich. Sie beten zu Gott: »Hilf uns, Herr.« Sie beten zu Maria: »Hilf uns. Tu ein Wunder.« Sie möchten gesund werden, diese Menschen. Sie möchten gehen können, sprechen, hören, sehen. Sie möchten leben. Sie beten von ganzem Herzen. Sie glauben.

Wunderglaube und Wundertäter in biblischen Zeiten

So auch von zweitausend Jahren: Die Armen, die Kranken, die, die keinen Ausweg mehr wissen, die Bettler, die Hungrigen, sie beten von ganzem

Herzen: »Ach, wenn doch einer käme, einer, der hilft, der den Hunger wegnimmt, die Verzweiflung, die Not, die Krankheit.« [Nr. 4.34]

In elenden Hütten wohnen sie, in schmutzigen, stinkenden Gassen. Ohne Arbeit. Zerlumpt. Krank. Sie stehen an der Straße: »Gebt uns etwas!« Sie schreien. Sie warten auf Hilfe. »Ach, wenn doch nur ein Wunder geschähe ... Wenn doch nur ein Wundertäter da wäre, der Kräfte hat zum Helfen und Heilen.«

Wundertäter gibt es, damals wie heute. Die Menschen laufen ihnen zu. Und sie erzählen von diesen Wundertätern. Damals erzählten sie von Apollonius: »Er ist von den Göttern gekommen. Er treibt böse Geister aus. Er hat ein Mädchen vom Tode erweckt. Er ist ein göttlicher Wundermann.«

Von Vespasian erzählen sie, dem Kaiser der Römer: »Er hat einen Lahmen geheilt und einen Blinden. Durch göttliche Kraft. Vor allem Volk. Er ist ein göttlicher Mensch, ein wahrer Gottessohn.«

Von Göttern selbst erzählen sie, von Heilgöttern, von Asklepios, dem Heilgott der Griechen: In seinem Tempel geschehen Wunder. [Nr. 4.35]

Die Priester vollbringen Wunder der Heilung: Geschwüre und Wunden werden heil. Lahme und Blinde werden heil – im Traum.

Bekenntnis der Juden: Gott hat große Wunder getan

5 MOSE 26,5–9

Griechen erzählen. Römer erzählen. Juden erzählen. Die Juden sagen: »Unser Gott tut Wunder, nur unser Gott allein.« Die Juden sprechen ein Bekenntnis aus ihrer uralten Zeit: »Unser Gott führte uns aus Ägypten, aus dem Land der Feinde. Er hörte unsere Stimme. Er zerteilte das Meer. Er ließ uns hindurchziehen. Er stellte das Wasser wie eine Mauer. Er führte uns durch die Tiefen hindurch, als wäre es trockenes Land. Er gab uns dies Land, dies schöne Land Israel, wo Milch und Honig fließen. Er führte uns wie eine Herde. Er leitete uns richtig. Wir vergessen seine Wunder nicht und seine Taten, die er getan hat.«

Hoffnung der Juden: Der Messias wird kommen

JES 42,7

So sagen die Menschen in Israel: »Einmal geschieht ein großes Wunder. Einmal wird alles herrlich sein: Dann kommt der Retter, der König Gottes. Dann werden Lahme gehen. Dann werden Blinde sehen. Dann werden Taube hören. Dann wird alles heil. Für immer. Einmal wird es sein …

b. Jesus tut Wunder

Was wir tun können

- Entdecken, dass Jesus Kranke – auch Geisteskranke – zu heilen vermochte.
- Die Heilungstaten Jesu als Offenbarungen Gottes verstehen.
- Zweifel an solchen Heilungen (damals und heute) erörtern.
- Den neuen Geist nach dem Tod des Wundertäters Jesus als »Wunder der Auferstehung« begreifen.
- Dieses Wunder auch in der Verbreitung der Botschaft und in den Heilungstaten der Boten erkennen.

Jesus heilt

Vor zweitausend Jahren: Jesus ist da. Jesus ist unter den Menschen. Er hilft. Er heilt. Er hat Kräfte dazu, Kräfte zum Heilen und Helfen. Er heilt die Schwiegermutter des Petrus. Er heilt den Sklaven des römischen Hauptmanns. Er heilt den Mann, der an Wassersucht leidet. Er heilt den Mann mit der verkrüppelten Hand. Er heilt viele. Er hilft.

Er berührt die Kranken. Er legt ihnen die Hand auf: »Du, sei gesund.« Viele werden gesund. Jesus sagt: »Krankheit ist keine Strafe Gottes. Nein! Gott will, dass alles heil wird. Gott will euch Kranken helfen.« [Nr. 4.36]

MT 9,35

In Scharen kommen die Menschen zu Jesus. Sie suchen ihn. Sie laufen ihm nach. Sie bringen Kranke, Taubstumme, Blinde. Sie bringen Lahme und Krüppel auf Matten und Bahren. Sie setzen die Bahren ab. Sie legen die Matten hin neben Jesus. Und Jesus sieht die Kranken, hilflos, verängstigt, müde, zerschunden, wie Schafe ohne Hirten. Jesus schaut sie an. Es geht ihm durchs Herz. Er hat sie lieb und er heilt sie.

MT 9,27–31

Zwei Blinde tappen hinter Jesus her: »Du, Herr, hab Erbarmen.« Bis ins Haus tappen sie hinter ihm her. Jesus sieht sie an. »Glaubt ihr, ich kann euch heilen?« »Ja, Herr.« – Jesus hat die Blinden lieb. Jesus berührt ihre Augen: »Ihr glaubt ja!« – Da können die Blinden sehen. Sie sehen ihren Herrn. Sie sehen Gott. Jesus sagt: »Ihr braucht Gott. Gott ist bei euch. Alles wird gut.« – Matthäus hat dies erzählt.

LK 11,14–20

Sie bringen einen Besessenen zu Jesus. Der schreit. Der schlägt um sich. Das Böse hat Macht über ihn. Es quält ihn. Es schreit heraus aus ihm.

Laut schreit der Mann. »Hinaus!«, ruft Jesus. »Sei stille! Fahre aus, du böser Geist!« Da: Der Mann wird geschüttelt. Er wird hin- und hergerissen. Dann ist er ruhig, ganz still. Das Böse ist ausgefahren. [Nr. 4.37]

Jesus sagt: »Wenn ich das Böse unter euch austreibe mit dem Finger Gottes, durch Gottes Kraft, dann ist Gott mitten unter euch. – Lukas hat dies erzählt.

Jesus hilft. Jesus heilt. Jesus treibt das Böse aus. Verwundert sind die Menschen, wenn sie das sehen, wenn sie hören, was er dazu sagt. Sie sind erstaunt, erschrocken, ganz außer sich: »So etwas sahen wir nie. So etwas hörten wir nie! Ein neuer Lehrer, ein Lehrer mit Macht, ein neuer Prophet, ein Gottesprophet: Gott ist zu uns gekommen. Gott ist mitten unter uns. Alles wird gut.«

Und sie erzählen es weiter, all das von Jesus. Wie ein Feuer läuft es durch ganz Israel, überall hin: »Er macht uns frei, dieser Jesus. Er hat Macht von Gott. Er ist der Retter, der Herr, der Heilige Gottes. Alles ist anders …«

Deutungen, damals

MT 13,55

Ist alles anders? »Ist er nicht der Sohn Josefs? Ist er nicht Marias Sohn?« So fragen die Menschen in Nazareth. »Ist er nicht bei uns aufgewachsen? Kennen wir ihn nicht ganz genau? Was ist denn Besonderes an ihm?«

»Der soll von Gott sein«, so sagen die Lehrer der Schrift, die alles lesen in den alten Schriften, die meinen, sie wüssten alles von Gott. »Der soll von Gott sein? Das muss er uns erst beweisen.«

MK 8,11–12

»Gib uns ein Zeichen von Gott, ein wirkliches Gotteszeichen«, so sagen sie zu Jesus. »Dann wollen wir dir glauben.« Jesus fährt sie an: »Ihr! Wenn ihr nicht Zeichen und Wunder seht, dann glaubt ihr nicht. Was denkt ihr euch! Euch werden keine Zeichen gegeben. Euch nicht! Nur glauben, wenn man Wunder sieht? Das ist doch kein Glaube!«

MT 12,24–26

Jesus dreht sich um. Er will weggehen. Er lässt sie stehen, die Lehrer der Schrift. Die aber sind empört: »Was denkst du dir? Du bist ja gar nicht von Gott. Du bist vom Teufel! Du treibst die bösen Geister durch den Teufel aus!« – »Wie?« Jesus sieht die Schriftlehrer an. »Treibt denn ein Teufel den anderen aus? Kämpft denn der Teufel gegen sich selbst? Meint ihr das wirklich?«

Jesus heilt am Sabbat

LK 6,6–11

Und dann, am Sabbat: Es ist in der Synagoge. Da ist ein Mann mit einer verkrüppelten Hand. Er will gesund werden, heil. Jesus heilt ihn. Da schreien die Schriftlehrer los: »Am Sabbat darfst du nicht heilen! Das ist verboten. Das ist gegen Gottes Gesetz!« Sie stecken die Köpfe zusammen. »Der ist nicht von Gott, der nicht! Der achtet nicht einmal den Sabbat.«

Deutungen, heute

»Ist er vom Teufel? Ist er von Gott?« So fragten viele damals. Wir heute fragen anders. Ein Kind sagt: »Dass Jesus die Schwiegermutter des Petrus geheilt hat, das glaub ich ja. Aber dass er gelähmte Menschen wieder gehen ließ, das kann ich mir nicht vorstellen. Kann das ehrlich stimmen, dass er das gemacht hat?«

Jesus hatte Kräfte zum Heilen und Helfen. Er war wie ein guter Arzt. Er hat Kranke geheilt. Er hat Menschen von ihrer Qual befreit, von dem Bösen, das Macht über sie hatte. Hätten sonst seine Feinde von ihm gesagt: »Er treibt die bösen Geister aus«?

Jesus half den Menschen mit Gottes Hilfe. Ja, Lahme konnten wieder gehen, Taube konnten wieder hören, Blinde konnten wieder sehen. Viele sind sich dessen sicher. Andere nicht.

Konsequenzen, damals

Seine Feinde damals aber sagten: »Er treibt die bösen Geister durch den Teufel aus. Er verachtet den Sabbat. Das darf nie wieder geschehen. Niemals! Wir müssen ihn töten!« [Nr. 4.38]

Und sie haben ihn getötet. Jesus hängt am Kreuz. Römer haben ihn angenagelt. »Warum hilfst du dir nicht selbst, du Wundertäter? Warum steigst du nicht herab vom Kreuz?« So spotten seine Feinde. Die Freunde sind verzweifelt. Alles aus ...

Das Wunder der Auferstehung Christi

Aber da ist Licht, wie ein Blitz aus dem Dunkel der Nacht: Neue Hoffnung, neuer Mut, neues Leben. Tage danach, Wochen danach: ein Sturm der Begeisterung. Brennende Herzen, feurige Zungen. Die Freunde sind verändert: »Gott hat ihn uns zu sehen gegeben. Er ist nicht im Tod. Er lebt. Er ist der Retter, der Messias. Er ist der König Gottes. Alles ist anders. Alles ist neu. Ein Licht ist aufgegangen.«

Sie laufen, die Freunde, sie gehen hin. Und sie verkünden es allen: »Wir haben ein neues Bild von Jesus. Er ist der Christus Gottes. Gott hat ihn uns zu sehen gegeben. Ihr sollt getröstet sein.«

Auf den Straßen erzählen sie es, auf den Märkten, in den Häusern, in den Synagogen, im Tempel, überall: »Christus ist bei euch. Ihr müsst keine Angst mehr haben. Christus ist bei euch. Ihr seid im Licht.«

Das Wunder der neuen Botschaft

Wie Jesus predigen sie. Sie erzählen Geschichten. Sie helfen und heilen. Immer wieder. Überall. Paulus schreibt Briefe an seine Freunde: »Gott ist mit uns. Christus ist mit uns. Wir können heilen und helfen. Gott ist mit euch. Christus ist mit euch. Auch ihr könnt heilen und helfen.«

Die Apostel können heilen

APG 3,1–16

Jahre vergehen, Jahrzehnte. Lukas erzählt von Petrus. Es ist am »Schönen Tor« des Tempels: Petrus kommt mit Johannes. Da – ein Lahmer, ein lahmer Bettler. Er streckt die Hand aus: »Helft mir!« Petrus sagt: »Gold und Silber habe ich nicht. Aber was ich habe, das will ich dir geben. Im Auftrag von Christus: Steh auf!«

Da springt er auf, der Lahme. Er springt vor Freude. Er lobt Gott. Zeichen geschehen, Wunder, im Auftrag von Jesus Christus. Sie haben ein neues Bild von Jesus, die Freunde, die Boten: Er ist der Christus, der König Gottes. Er ist unser aller Herr.

c. Die Christus-Wundergeschichten

Was wir tun können

- Uns die nachösterliche Entstehung und die besondere Sprachgestalt der Christus-Wundergeschichten verdeutlichen.
- Erkennen, dass das Unglaubliche, das Durchbrechen der Naturgesetze in diesen Geschichten nicht ihr Kern ist.
- Sich auf die innere Botschaft dieser Geschichten konzentrieren, auf die Hilfe, die sie anbieten, auf den Trost, den sie spenden.
- Wunder im Leben Jesu erörtern.
- Wunder entdecken, die Menschen – auch Kinder – vollbringen können.

Predigten in wunderbaren Bildern

Die Christen erzählen Geschichten von diesem Christus, Geschichten wie Gleichnisse, wie Vergleiche, wie erzählte Bilder, große, wunderbare Bild-Geschichten, von Jesus Christus, dem Herrn.

Überall in der Welt hören die Menschen auf diese Wundergeschichten. Sie fassen Zutrauen zu Jesus, dem Christus, sie wollen ihm glauben. Sie wollen zu ihm gehören.

Sie predigen mit diesen neuen Geschichten, die Boten, mit Geschichten vom Sattwerden bei Gott, von Freude und Fülle, mit Geschichten gegen die Finsternis, gegen die Krankheit, den Tod und die Angst …

Christus hilft im Meer der Angst

Angst ist in der Welt. Zerstörung. Not. Grauen. Tod. Angst ist unter den Christen. Nero hat sie verfolgt, der Kaiser der Römer. Viele wurden gekreuzigt, verbrannt, von Löwen zerfleischt.

Jerusalem, die heilige Stadt, alles in Schutt und Asche! Die Römer haben alles zerstört. Den Tempel, das Haus Gottes, gibt es nicht mehr. Angst ist unter den Christen. Das Wasser steht ihnen bis zum Hals. »Herr, warum hilfst du uns nicht? Schläfst du denn? Wache auf, wir versinken!« So schreien die Christen. Sie fühlen sich klein. Das Meer der Angst ist groß.

Seit fünfzig Jahren ist Jesus tot. Da predigt Matthäus den Christen. Er predigt ihnen in ihrer Angst: »Habt ihr so wenig Vertrauen? Ist euer Glaube so klein geworden? Wo ist euer Glaube an Christus?«

Matthäus will die Christen ermahnen. Er will ihnen helfen. Er will sie trösten. Matthäus erinnert sich: Ja, sie haben davon erzählt, damals von einem Seesturm ... Und da predigt Matthäus den angstvollen Christen mit der Bild-Geschichte vom Seesturm:

MT 8,23–27

Jesus, der Christus, steigt in ein Boot. Mit ihm kommen seine Freunde. Sie sind auf dem Meer. Da kommt Sturm auf, schwerer Sturm mit wildem Wind und drohenden Wellen. Die Wellen schlagen ins Boot hinein. Das Boot will untergehen.

Die Freunde sind in Angst: Wind, Wellen, drohendes Meer, Mächte der Finsternis. Die Freunde sind in großer Angst. Jesus, der Christus, aber schläft. Da schreien sie los: »Herr, rette uns! Sonst sind wir alle verloren.« Da wacht er auf. Er sieht sie an: »Ihr habt zu wenig Vertrauen.« Da steht er auf und bedroht das Meer: »Meer und Wind, seid still!« Da wird es still, unglaublich still ...

So predigt Matthäus. So mahnt er: »Habt keine Angst. Habt Vertrauen. Christus hilft euch. Dann werdet ihr still. Auch, wenn es wütet, das Meer der Angst.«

Mit Gott am Tisch werden viele satt

Hunger! Menschen haben Hunger. Sie schreien: »Gebt uns zu essen. Wir haben Hunger!« Kinder haben Hunger. – »Gebt ihr ihnen zu essen«, sagt Markus.

Er sagt es zu den Christen. Er predigt es ihnen:»Einer gebe dem anderen weiter. Jeder gebe von seinem Brot. Dann werden alle satt. Wenn jeder etwas gibt, dann wird aus Wenigem viel. Dann ist genug für alle da. Dann ist Gott bei euch«, sagt Markus. »Dann gibt Gott euch zu essen wie damals in der Wüste. Dann wird alles gut.«

Essen! Miteinander essen. Miteinander teilen. Mit Gott essen. Mit Christus. Am Tisch des Herrn. Dann wird alles gut. So predigt Markus. Er schreibt es auf in einer Bild-, in einer Wundergeschichte.

MK 6,30–44

Ja, damals – Markus erinnert sich. Sie haben es erzählt. Eine Geschichte von fünftausend Menschen, von fünf Broten und zwei Fischen. Die Menschen hatten Hunger. Jesus, der Christus, gab zu essen. Sie gaben sich untereinander zu essen. Und alle wurden satt.

Vor Gott verliert der Tod die Macht

Leben! »Du bist mein Leben. Mitten im Tod sind wir im Leben.« – Paulus schreibt es in einem Brief: »Nichts wird mich trennen von Gott, nichts wird mich trennen von Christus. Auch nicht der Tod.«

Lukas predigt gegen den Tod: »Christus lebt. Auch wir können leben.«

LK 7,11–17

Lukas erzählt von einem jungen Mann aus Nain in einer wunderbaren Bildgeschichte, in einer Wundergeschichte: Er war tot, der junge Mann. Jesus gab ihm das Leben, Jesus, der Christus: »Aufstehen sollst du. Du sollst leben.« Und er stand auf. Und Christus gab ihn seiner Mutter: »Sei getröstet. Weine nicht. Der Tod hat keine Macht.« [Nr. 4.39]

Christus schenkt Freude die Fülle

Freude! »Freude die Fülle. Er ist der Freudenbringer.« So predigt Johannes von Christus in einer Wundergeschichte:

JOH 2,1–10

In Kana ist Hochzeit. Die Menschen sind fröhlich. Sie trinken Wein. Sie feiern. Da – es fehlt an Wein. Mitten in der Feier. Christus spricht: »Füllt die leeren Krüge mit Wasser!« Die Diener füllen die Krüge randvoll. Der Speisemeister probiert. Es ist Wein, guter Wein. Für alle genug. [Nr. 4.40]

Ein Zeichen. Ein Zeichen der Herrlichkeit Gottes. Die Herrlichkeit Gottes leuchtet auf. Zeit der Freude. Zeit der Fülle. Zeit des Heils. Eine neue Zeit …

Die Wunder in Jesu Leben: Geburt, Taufe, Tod, Auferstehung

Sie predigen Trost, die Boten, sie predigen Freude. Sie predigen die Wunder Gottes. Sie denken daran, wie alles angefangen hat. Mit Christus begann eine neue Zeit. Sie denken zurück. Sie predigen in wunderbaren Bildern:

Finsternis war bei seinem Tod. Der Tempelvorhang zerriss. Engel waren bei seinem Grab. Und er, der Herr, ist vielen erschienen. Er wurde zum Himmel emporgehoben.

Zeichen sind geschehen. Engel verkündeten seine Geburt. Und bei der Taufe – der Himmel war offen.

So erzählen sie, Markus, Matthäus, Lukas, Johannes, in Bildern. Wie sie es damals glaubten, wie sie es sich vorstellten: Gott ist über uns im Himmel. Gott sendet Engel mit Flügeln. So malten es die Maler in allen Zeiten, immer wieder, immer neu.

Konsequenzen, heute

Wir heute denken es anders. Aber die Wunder Gottes, wir sehen sie. Die Wunder von Christus, wir predigen sie: Ihr tappt im Dunklen? Ihr wisst euren Weg nicht? Ein Licht strahlt auf im Finstern. – Ihr seid in Abgründen? In tiefster Not? Über den Abgründen geht er, Christus. Immer ist er bei euch!

Ihr ängstigt euch vor dem Tod? Christus schenkt Leben. Der Tod ist überwunden. Glaubt es nur!

PSALM 40,6

Ich will deine Wunder verkündigen. Ich will davon sagen, solange ich bin.

Aufforderung an uns selbst

Können Wunder geschehen? – In einer Welt von Hunger, Angst, Krankheit, Not? In einer Welt von Elend?

Menschen sind verzweifelt. Kommt einer, der die Not wegnimmt, die

Angst, das Elend? Gott kommt. Und Christus kommt. Du kannst kommen. Und ich kann kommen.

Ein Mann bettelt an der Straße. Jemand geht hin, spricht mit ihm, gibt ihm die Hand …

Ein Junge bekommt Anfälle. Er rennt mit dem Kopf gegen die Wand. Er weiß nicht, was mit ihm ist. Ein junges Mädchen ist freundlich zu ihm. Sie füttert ihn, sie lacht mit ihm …

Wunder geschehen. Unter uns. Durch die Liebe: Wunder gegen die Not, gegen die Angst, gegen die Finsternis. Das größte Wunder ist die Liebe …

5. Himmel – Reich Gottes

Hinweise

Bei der Rede vom »Himmel« ist von zwei Unterschieden auszugehen. Da ist zunächst der im Englischen so gut sichtbare Unterschied zwischen »sky« (sichtbarer Himmel über uns) und »heaven« (Himmel Gottes mitten unter uns):

- »Der Himmel hat Sterne, eine Sonne, Mond, Wolken. Der Himmel ist eine Luftschicht«, schreibt ein Kind. Gemeint ist der Himmel als physikalischer Raum (sky), Himmel als erforschbares Objekt der Naturwissenschaften.
- »Wenn ich Himmel höre, dann denke ich an Gott«, schreibt ein anderes Kind. Hier ist der Himmel als Ort des Glaubens gemeint (heaven), Himmel als Raum religiöser Erfahrung, als etwas, das mit der Beziehung zwischen Gott und Mensch zu tun hat. Ein solcher Himmel kann wissenschaftlich nicht festgestellt werden.

Da ist zum zweiten der Unterschied zwischen einem Diesseits-Himmel und einem Jenseits-Himmel Gottes (Immanenz/Transzendenz).

- »Wo wohnt Gott?«, fragt die jüdische Legende. Und sie antwortet: »Dort, wo man ihn einlässt.« Das bedeutet: Dort, wo Menschen einander annehmen, da ist Gott, da ist »Himmel auf Erden«. Jesus hat diesen Diesseits-Himmel verkündet: »Gottes Reich ist da. Mitten unter euch. Ihr müsst es nur hören, sehen, annehmen!« (Lk 17,21)

  Jesus hat in vielen Gleichnissen von diesem Diesseits-Himmel erzählt. Er hat ihn in seinen Heilungstaten verwirklicht: Blinde sehen, Lahme gehen. Aussätzige werden rein.
- Zum anderen kann Gottes Himmel als Ferne erfahren werden, als Verborgenheit, Unverfügbarkeit, als unergründliches Geheimnis Gottes. Wir sprechen dann von Transzendenz und meinen einen Jenseits-Himmel der Unerreichbarkeit, der nicht zu erfassenden Heiligkeit Gottes.

Nur wenn wir beides zusammenschauen, erschließt sich die eigentliche Bedeutung christlichen Redens vom Himmel. Festzuhalten bleibt jedoch: Der Gotteshimmel der Immanenz, der Diesseits-Himmel, ist für die christliche Botschaft, den christlichen Glauben von entscheidender Bedeutung. Nur im Diesseitigen können wir Gott als ein »Du« erfahren, nur hier ist Raum genug für eine Hoffnung, die größer ist als alle Vernunft.

Wie entsprechende Unterrichtsversuche zeigen, vermögen Kinder leicht zwischen »sky« und »heaven« zu unterscheiden und ebenso auch zwischen dem Diesseits- und dem Jenseits-Himmel Gottes (hier: »Gott ist eigentlich nicht im Himmel; er ist bei den Menschen«; dort: »Manchmal, Gott, bist du ganz weit weg. Dann muss ich dich suchen. Und nichts ist gut.«).

Die Botschaft vom Diesseits-Himmel indes zeigt den Kindern einen Weg, den sie gehen können.

a. Menschen sagen: Himmel

Was wir tun können

- Über den Sprachgebrauch »Himmel« miteinander reden.
- Den Unterschied zwischen »sky« und »heaven« erarbeiten.
- Erkennen, dass für die Menschen der Bibel »sky« und »heaven« identisch waren.
- Die Vorstellung von einem Himmel als schöner Jenseitswelt nach dem Tod (Paradies, Insel der Seligen) bedenken und hinterfragen.

Sprachgebrauch

»Himmel!« Wie oft sagen wir das: »Hilf, Himmel!«, »Du lieber Himmel.« Oder: »Das schreit zum Himmel.«

Wir nennen eine Farbe himmelblau. Manche wollen himmelan stürmen. Manche sind himmelhoch jauchzend – zu Tode betrübt.

Von Himmelskörpern sprechen wir, von einem Himmelszelt, von einem Himmelbett, von einem Himmelreich. Manch einem ist himmelangst.

Ein junges Mädchen kann ein himmlisches Wesen sein. Einem jungen Mann kann der Himmel voller Geigen hängen. – Kinder beten: »Lieber Gott, mach mich fromm, dass ich in den Himmel komm.« – Verliebte sagen: »Ich tanze mit dir in den Himmel hinein, in den siebenten Himmel der Liebe.« Und das Sprichwort sagt: »Des Menschen Wille ist sein Himmelreich.« [Nr. 5.41]

Immer wieder: Himmel! Was meinen wir eigentlich damit? Einen Himmel oben? Den Himmel, an dem die Sterne stehen? Sonne und Mond? Einen Weltall-Himmel? Den Himmel, zu dem Menschen aufschauen, weil sie denken: Dort oben ist Gott?

Die Rede von »Gott im Himmel«

Griechen schauten so auf. Römer schauten so auf. Zu einem Gotteshimmel, zu einem Himmel der Götter.

Im Alten Testament

1 MOSE 8,12–17

Auch Menschen des Alten Testaments hoben ihre Augen auf: Unser Gott thront im Himmel. Er schaut nieder auf die Kinder der Menschen. Unser Gott setzt einen Bogen in die Wolken. Er will sich mit uns verbinden.

Und so stellten sie es sich vor: Unten die dunkle Totenwelt und Wasser. In der Mitte die Erde, eine Scheibe auf drei Säulen, überspannt vom Firmament. Oben aber, jenseits des Urmeeres, Himmel der Himmel, Wohnstätte Gottes, das himmlische Jerusalem, die hochgebaute Stadt, Berg Zion, Thronsitz Gottes und der Engel. [Nr. 5.42]

Im Neuen Testament

Auch Lukas schaute auf zu den Himmeln, Lukas, der Evangelist, der Christ, der Erzähler in der Zeit des Neuen Testaments. Auch Lukas dachte es so: Gott ist im Himmel oben. Gott sendet seine Engel als Boten zu den Menschen.

LK 2,9–14

Und Lukas hat es so erzählt. In der Weihnachtsgeschichte: Ein Engel tritt zu den Hirten. Engel um ihn, überall Engel, Boten von Gott im Himmel.

APG 1,9

Und Lukas hat es so erzählt in der Geschichte von der Himmelfahrt: Gott nimmt Jesus zu sich auf – mit einer Wolke – in den Himmel.

Himmel als Reich der Fülle und des Friedens

Was meinen wir, wenn wir »Himmel« sagen? Ein gelobtes Land, irgendwo? Eine herrliche Welt? Fruchtbar? Lieblich? Gut darin zu wohnen und zu arbeiten? Erfüllung aller Wünsche?

JES 11,6–8

Einen Himmel wie einen Garten, wie ein schönes Paradies? Friede herrscht. Kein Leid ist dort. Der Wolf ist bei dem Lamm und er frisst es nicht. Der Bär bei den Kühen. Der Panther bei der Gazelle. Alle in Frieden miteinander. – Meinen wir das?

Himmel als Ort der Seligen

Oder denken wir den Himmel als einen Ort der Seligen? Die Seelen der Toten steigen hinauf, geleitet von Engeln, erleuchtet von der Herrlichkeit. Wunderbare Musik. Weltentrückte Schönheit. Höchste Seligkeit in reinem Licht? – Denken wir das?

Bewertung

Gibt es das wirklich? Einen Ort Gottes oben? Ein Paradies irgendwo? Eine Insel der Seligen? Engel, schwebend vor Gottes Thron?

Können nicht Menschen Engel sein? Du für mich, ich für dich – ein Engel?

b. Der Himmel: nah und fern

Was wir tun können

- Den Diesseits-Himmel Gottes an Beispielen erörtern.
- Die Doppeldimension »Himmel« als nah und fern, als Immanenz und Transzendenz zugleich erarbeiten.
- Das Geborgensein bei Gott (Friede, Vergebung) als besondere Dimension des Diesseitshimmels wahrnehmen.

Himmel, zwischenmenschlich

Kann der Himmel Gottes nicht unter uns Menschen sein? Bei mir, bei dir? Wenn wir uns helfen? Wenn wir einander freundlich ansehen?

Im Alten Testament

1 MOSE 33,10

So war es in der Zeit des Alten Testaments: Jakob war verfeindet mit seinem Bruder Esau. Er war geflohen. Er kam zurück. Die Brüder versöhnten sich. Jakob sagte zu seinem Bruder: »Ich sehe dein Angesicht wie Gottes Angesicht. Du hast mich freundlich angesehen.«

Bei uns

Kann der Himmel Gottes nicht ganz nahe sein? Kann er mir nicht im Angesicht meines Bruders aufgehen?

Wo ein Mensch weint und ein anderer tröstet ihn. Wo ein Mensch hungrig ist oder krank und ein anderer hilft ihm. Wo Menschen auf Gott hören, an Gott denken, zu Gott beten, von Gott erzählen – kann dort nicht Himmel sein?

Kann der Himmel Gottes nicht in dir sein, in mir, wo Vertrauen ist, Zuversicht und Lebensfreude, Gemeinschaft mit Gott und den Menschen?

Die Doppeldimension

1 KÖ 8,27

Der Himmel Gottes ist nah – und fern zugleich. Denn: »Du bist auch fern von mir, Gott, ganz verborgen.« So sprechen viele: »Heilig bist du, voller Geheimnis, nicht zu denken, nicht zu beschreiben, unfassbar für uns Menschen. Du – Gott. Die Himmel aller Himmel können dich nicht fassen. Und doch: Du bist da. Ein Spalt nur und ich kann etwas sehen. Eine Tür ist angelehnt. Ich kann sie öffnen.«

Himmel, Reich Gottes, mitten unter uns, das ist etwas Schönes, bunt und still. Etwas Schwebendes – Glück.

Geborgen bei Gott

PSALM 139,1–14

 »Du bist bei mir, Gott, ganz nahe. Du siehst mich, du verstehst mich. Von allen Seiten umgibst du mich. Du hältst meine Hand und führst mich. Ich stehe oder liege – du bist um mich. Nehme ich Flügel des Morgenrots, komme ich ans äußerste Meer, du bist bei mir. Deine Hand ergreift mich. Kommt Finsternis, kommt Nacht – bei dir ist die Nacht wie der Tag. Bei dir ist die Finsternis licht. Wunderbar ist das und nicht zu begreifen. Überall: Du. Überall: Dein Himmel. Du bist es, der alles erfüllt, Himmel und Erde und das All.« – So sprechen Menschen. So glauben Menschen.

Geborgen in der Liebe

Der Himmel ist ganz nahe, wo Menschen sich liebhaben, wo sie zärtlich zueinander sind. »Ich habe dich gehört. Ich komme zu dir. Ich fühle dich. Ganz nahe bin ich bei dir.«

RUT 1,16

»Wo du hingehst, da will auch ich hingehn. Wo du schläfst, da will auch ich schlafen. Wo du bleibst, da bleibe ich auch.«

HOHESLIED 4,16

»Steh auf, Nordwind, und komm, Südwind, und wehe durch meinen Garten ...« – In mir der Himmel Gottes, in dir.

Geborgen im Frieden

Der Himmel nahe, Gott ganz nahe, das ist wie bei Menschen, die Frieden wollen. So schreibt ein Kind aus Israel:

TALLI SCHURK, 13, BEERSCHEBA

»Mein Farbenkasten war gefüllt, / glänzend, leuchtend, mild; / mein Farbenkasten war gefüllt – / mit vielen Farben, sanft und wild. / Ich hatte kein Rot für das Blut von Verletzten, / kein Schwarz für das Leid der Verwaisten, Gehetzten, / kein Weiß für Gesichter von Toten, Entsetzten, / kein Geld für den Sand, den die Kugeln zerfetzten. / Ich hatte Orange für Freudengetümmel, / ich hatte nur Grün für den blühenden Baum, / ich hatte mein Blau für unendliche Himmel, / ich hatte nur Rosa für Ruhe und Traum. / Ich saß und malte Frieden.«

Geborgen in der Zeit

PREDIGER 3,1–8

Der Himmel nahe, Gott ganz nahe, das ist wie bei Menschen, die Zeit haben: Zeit zum Pflanzen. / Zeit zum Bauen. / Zeit zum Trösten. / Zeit zum Heilen. / Zeit zum Suchen. / Zeit zum Finden. / Zeit zum Reden. / Zeit zum Schweigen. / Zeit zum Träumen. / Zeit zum Trauern. / Zeit zum Klagen. / Zeit zum Tanzen. / Zeit zum Weinen. / Zeit zum Lachen. / Zeit zum Leben. / Zeit zum Sterben. / Zeit zum Lieben. / Zeit zum Glück. / Zeit für sich, für mich, für dich …

Geborgen in der Hoffnung

Der Himmel nahe, Gott ganz nahe, das ist wie ein Traum: Verschlossene Türen öffnen sich. Ich bin aufgenommen. Ich bin eingeladen. Ich bin im Haus des Vaters.

PSALM 23,5

Du deckst mir den Tisch. Du gibst mir ein Kleid. Du gibst mir genug zu trinken. Alle sind satt. Alle in der Welt. Liebe – jetzt. Frieden – jetzt. Zeit haben – jetzt.

PSALM 126,1

Das ist wie ein Traum. Wie die Träumenden sind wir.

Jakobs Traum

1 MOSE 28,1–17

Wir träumen von Vergebung. Jakob hat davon geträumt, Jakob, der seinen Bruder betrog um das Recht der Erstgeburt. Die Sonne war untergegangen. Jakob war auf der Flucht. Er war an diesen Ort gekommen. Er hatte sich hingelegt, den Kopf auf einen Stein. Und er träumte …

Eine Leiter war auf die Erde gestellt, die Spitze bis in den Himmel. Boten Gottes, Engel, auf- und niedersteigend. Und über Jakob – Gott: »Ich bin es, der Gott deiner Väter. Ich will nicht ansehen, was du getan hast. Ich will dir das Land geben, auf dem du liegst. Ich will viele nach dir kommen lassen wie Körner im Sand am Meer. Bei dir bin ich, Jakob. Ich will dich behüten. Ja, ich verlasse dich nicht.«

Jakob erwachte.« Gott ist hier! Ich aber, ich wusste es nicht. Voller Geheimnis ist dieser Ort, heilig, Gottes Haus.« Und Jakob nahm den Stein, auf dem er lag, und richtete ihn auf. Und er nannte den Ort Beth-El, Haus Gottes. Wir träumen Vergebung. Wir träumen von einem Haus, von einem Himmel als Gottes Haus.

c. Der Himmel Jesu Christi

Was wir tun können

- Die Jesusbotschaft vom Reich Gottes in der Immanenz wahrnehmen: Gleichnisse Jesu verdeutlichen ebenso wie seine Heilungstaten die Wirkmächtigkeit Gottes unter den Menschen.
- Erkennen, dass die Jesusbotschaft an die Kinder (»Ihr gehört in Gottes Reich«) sowie die Anrede des Vaterunsers vom Diesseits-Himmel Gottes sprechen.

Warten auf den Messias

Schon immer träumten die Menschen. Vom Messias träumten sie in der Zeit des Alten Testaments, vom König Gottes, der einmal kommt, um Frieden und Freude zu bringen. Von einer ganz neuen, ganz anderen Zeit träumten sie.

»Einer wird kommen«, sagten sie, »der wird uns retten aus unserer Not, der wird uns befreien von allem, was uns bedrückt. In seiner Zeit wird die Gerechtigkeit blühen. Großer Friede wird sein. Denn er wird den Armen retten, der um Hilfe schreit, und den Elenden, der keinen Helfer hat.«

Jesus, der Messias

MK 1,14–15

Und dieser Messias ist gekommen: Jesus. Jesus hat Gott gezeigt. In Galiläa. Jesus hat es angekündigt, die frohe Botschaft, die gute Nachricht: »Gott ist da. Jetzt. Mitten unter euch. Wenn ihr euch ändert. Wenn ihr es glaubt.«

LK 4,16–21; MT 11,5

Jesus hat es gezeigt. In Nazareth. In der Synagoge: »Heute ist alles erfüllt. Gott ist zu euch gekommen. Ihr könnt es erkennen. Seht doch: Die

Armen, die Elenden, sie sind gerettet: Blinde sehen. Lahme gehen. Menschen mit Aussatz sind gesund.«

Und so ist es wirklich: Blinde sehen. Lahme gehen. Menschen mit Aussatz sind gesund. Da, wo Jesus ist. Sie freuen sich, diese Menschen. Lachen ist da und Glück.

LK 11,20

Jesus hilft. Jesus hat Liebe. »Wenn ich das Böse mit dem Finger Gottes austreibe aus euch«, sagt Jesus, »dann ist der Himmel Gottes mitten unter euch.«

LK 6,20–23

»Ihr Armen, kommt«, sagt Jesus. »Ihr gehört zu Gott in seinem Himmelreich. Ihr, die ihr hungert: Gott macht euch satt. Ihr, die ihr weint: Bald werdet ihr lachen.«

MT 25,40

»Ich tue es nicht allein«, sagt Jesus. »Auch ihr müsst etwas tun. Und was ihr tut, für die Armen, für die Elenden, das tut ihr für mich, für Gott.«

LK 9,62

»Und wenn ihr etwas tut«, sagt Jesus, »dann schaut nach vorn. Himmel, Reich Gottes, das heißt vorausschauen, nicht zurückschauen. Wer seine Hand an den Pflug legt und schaut zurück, der ist nicht gut für Gottes Reich.«

Gleichnisse vom Gottesreich

MT 13,33

Und Jesus erzählt vom Gottesreich. In Beispielen. In Vergleichen. »Wer hören kann, soll hören: Mit dem Reich Gottes, dem Reich der Himmel, das ist wie mit einem Sauerteig. Eine Frau nimmt davon. Sie mengt ihn unter das Mehl. Das Mehl wird gesäuert durch und durch.« – »Das ist es«, sagt Jesus. »Darauf vertraue ich. Das Reich Gottes wird alles durchdringen. Überall wird es mächtig sein.«

MT 13,31–32

»Und mit dem Reich der Himmel, das ist wie mit einem Senfkorn«, sagt Jesus. »Ein Mensch nimmt es. Er sät es in sein Feld. Das Senfkorn ist kleiner als alle anderen Körner. Aber es keimt und wächst. Es wird groß und größer. Es wird ein Baum, ein riesiger Baum. Vögel des Himmels kommen geflogen. Sie setzen sich auf die Zweige. Sie singen. Sie bauen ihr Nest.« – »Das ist es«, sagt Jesus. »Darauf vertraue ich. Zuerst ist das Reich Gottes winzig klein. Aber dann wächst es und wächst und breitet sich aus, weit und immer weiter. Am Ende ist es riesengroß.«

MT 13,44

»Wer hören kann, soll hören: Mit dem Reich der Himmel«, sagt Jesus, »das ist wie mit einem Schatz. Er liegt verborgen im Feld, eingegraben und versteckt. Ein Mensch kommt. Er findet den Schatz. Schnell versteckt er ihn wieder. Der Mensch läuft. Er verkauft alles, was er hat. Er kauft das Feld.«

MT 13,45

»Mit dem Reich der Himmel, sagt Jesus, »das ist wie mit einer Perle, einer großen, wunderschönen, wertvollen Perle: Da ist ein Perlenhändler. Er sucht edle Perlen. Er findet diese Perle. Es ist unglaublich. Es ist die größte Perle, die er je gesehen hat, die schönste. Er muss sie haben. Er geht hin. Er verkauft alles, was er hat. Er kauft die Perle.« – »Das ist es«, sagt Jesus, »darauf vertraue ich, dass einer alles, was er hat, hingibt, nur damit er eines bekommt: das Reich Gottes.«

MT 13,24–30

Jesus erzählt: »Mit dem Reich der Himmel, das ist wie mit einem Mann: Der sät Korn aus auf sein Feld. – Er schläft. Da kommen Feinde. Die säen Unkrautsamen zwischen den guten Samen. Der gute Same geht auf. Der Unkrautsame auch. Da sagen die Landarbeiter zum Herrn: Woher kommt das Unkraut? Der Herr sagt: Das waren die Feinde. Aber lasst es wachsen. Sonst reißt ihr die guten Pflanzen mit aus.« – »Ja, so ist das«, sagt Jesus: »Das Reich der Himmel – es kann das Böse aushalten. Auch den Angriff der Feinde. Es ist stärker.«

MT 13,3–9

Jesus erzählt: Mit dem Reich der Himmel, das ist wie mit einem Mann: Der geht aufs Feld. Er streut Samenkörner aus. Einige fallen auf den Weg. Vögel picken sie auf. Einige fallen auf den felsigen Untergrund. Die Wurzeln finden kein Wasser. Die Halme verdorren. Einige fallen ins Dornengestrüpp. Sie wachsen auf. Aber die Dornen ersticken alles. Einige fallen auf gutes Land. Sie keinem und wachsen. Sie bringen Frucht, Ähren mit dreißig Körnern, Ähren mit sechzig, mit hundert Körnern. Wer Ohren hat zu hören, der soll hören. – Ja, so ist das«, sagt Jesus. »Im Gottesreich geht vieles verloren. Aber manches bringt gute Frucht, über alles Erwarten.«

Gottes Reich: nah und fern

Immer wieder hat Jesus sich Beispiele ausgedacht, wie das ist mit Gottes Reich. »Vieles ist geheimnisvoll, da, wo die neue Welt Gottes beginnt«, sagt Jesus. »Manche verstehen das, manche nicht: Das Reich ist da – und doch nicht da. Es soll kommen – und kommt doch nicht. Und dann ist es schon gekommen. Und dann soll es erst wieder kommen.

LK 17,20

Manche wollen berechnen, wann es kommt. Aber das geht nicht. Du kannst nicht sagen: Schau her, das ist das Reich Gottes. Oder: Sieh, dort kommt es. Gott lässt sein Reich kommen, wann er will. Jetzt. Oder bald in der Zukunft.«

Gottes Reich: für die Kinder

MT 18,2–4

»Wo Kinder sind«, sagt Jesus, »dort ist das Reich Gottes. Wo Menschen wie Kinder sein können. Kinder sind angewiesen auf Hilfe. Sie können nicht selbst für ihr Leben sorgen. Aber Kinder können sich beschenken lassen: Was gibst du mir, Gott? Ich nehme es gern. Danke.– Lasst euch beschenken von Gott wie die Kinder«, sagt Jesus. »Nehmt das Geschenk an wie die Kinder. Mit offenen Händen. Mit offenem Herzen. Dann seid ihr ganz nahe bei Gott – im Himmelreich.«

Das Vaterunser

MT 6,9–13

Jesus betet: »Vater unser in den Himmeln. Mitten unter uns. / Du bist heilig. Mitten unter uns. / Dein Himmelreich soll kommen. Mitten unter uns. / Dein Wille soll geschehen. Mitten unter uns. / Gib uns unser Brot an jedem Tag. Mitten unter uns. / Vergib uns unsere Schuld. Mitten unter uns. / Wie auch wir vergeben denen, die uns Unrecht tun. Mitten unter uns. / Führe uns nicht in Versuchung. Befreie uns von der Macht des Bösen. Mitten unter uns. / Denn du bist der Herr mit all deiner Macht und all deinem Glanz in alle Zeit und Ewigkeit.«

d. Offenbarung

Was wir tun können

- Mit der Offenbarung des Johannes einen neuen Himmel jenseits von menschlichem Leid und Tod miteinander träumen: Die neue Welt Gottes hat Bestand auf ewig.

Wir sind wie die Träumenden.

Und einmal:

Nicht mehr träumen. Nicht mehr wünschen. Alles in Gottes Hand. Alles ganz anders. Wir lassen uns los vom Träumen. Wir lassen uns los vom Wünschen. Wir finden uns ganz in Gott. Einmal wird es sein ... – So hoffen viele. So glauben viele.

Nach dem Tod wird es anders sein. Da sind wir ganz bei Gott. Nur noch Hören. Nur noch Sehen. Frei sein. Schweben ...

OFFB 21,1–5

Alle Tränen sind abgewischt. Tod, Krieg, Leiden, Schreien und Weinen sind nicht mehr da. Eine neue Erde ist da. Ein neuer Himmel. Ein neues Haus für immer ... Die alte Welt ist vergangen.

Anfänge der Kirchengeschichte

6. Petrus

Hinweise

Als Zeugen der Auferstehung stehen Petrus und Paulus am Anfang der Kirche Jesu Christi. Sie begründen diese Kirche. Die Christen der Frühzeit haben die beiden immer zusammen gesehen und dargestellt. Am 29. Juni feierten sie das Fest »Peter und Paul«.

Bei Petrus ist es das Wort vom Fels, auf den Christus seine Kirche bauen will (Mt 16,18), das den Anfang der christlichen Kirche markiert. Der Völkerapostel Paulus dagegen ist als Begründer zahlreicher Gemeinden in der römischen Welt allemal ein Vater der Kirche.

Hier der einfache Fischer aus Galiläa, dort der eifernde Pharisäer aus Tarsus in Kilikien: Beide vermochten, getrieben von einer tiefreligiösen Erkenntnis, den Lauf der damaligen Welt zu verändern. Beide wurden zu Ur-Heiligen der Christenheit.

Im Einzelnen

- *Der Mensch Petrus*: Er besaß Stärken und Schwächen. Zuweilen zweifelnd und zaudernd, dann wieder großsprecherisch und unüberlegt, war Petrus dennoch einsatzbereit, voller Eifer für Christus, zupackend, die Anstrengungen einer weit ausgreifenden Mission unter den Völkern nicht scheuend. Am Ende seines Lebens war er mutig genug, für Christus in den Tod zu gehen. Die katholische Christenheit beruft sich auf ihn als den Ersten in der Abfolge der Päpste. Ein Neunjähriger schreibt: »Ich würde Petrus auch Fels nennen.«
- *Der geschichtliche Petrus*: Wir wissen wenig von ihm. Allenfalls in den Paulusbriefen finden sich verlässliche Zeugnisse. Die sogenannten Petrusbriefe wurden viel später verfasst. Die Evangelisten akzentuieren unterschiedlich. Einige Fakten sind plausibel: Petrus stammte aus

Bethsaida am See Genezareth in Galiläa. Sein Vater hieß Jona. Wie sein Bruder Andreas war Petrus Fischer von Beruf. Petrus war verheiratet. Sein eigentlicher Name war Simon. Der Name Petrus, Fels (griech.: petra), ist ihm beigelegt worden – ob von Jesus selbst oder von der Urgemeinde, ist wissenschaftlich umstritten. – Anders als Paulus hat Petrus die Jesuszeit zentral miterfahren. Er gilt als der erste Auferstehungszeuge (1 Kor 15,5). Mit Sicherheit war er einer der maßgebenden Leiter der Jerusalemer Gemeinde. – Der Kontakt mit Paulus ist geschichtlich unbestritten. Die wankelmütige Haltung, die Petrus gegenüber den Heidenchristen einnahm, führte aber bald nach dem Kennenlernen zur Entfremdung. Danach verliert sich die Spur des Petrus. Die Hinrichtung in Rom ist durch Zeugnisse belegt, die von einer Verehrung des Petrusgrabes auf dem Vatikanhügel berichten bzw. Petrus als Märtyrer nennen.

- *Petrus im* Zeugnis: In der Geschichte des Abendlands wirksam geworden ist der Petrus der neutestamentlichen Verkündigung, der bezeugte Petrus. Wie machtvoll und geschichtsträchtig ihn die junge Kirche emporhob, das vermag schon Erstaunen auszulösen.

  Zu den Petrus-Christus-Geschichten gehören die Berufung zum Menschenfischer nach Lk 5,1–11, die Beauftragung mit dem Hirtenamt, die Fels- und Schlüssel-Geschichte, die Pfingstgeschichte sowie die Geschichte vom versinkenden Petrus auf dem Meer (der Angst).
- Kindern ist vor Augen zu führen, wie aus dem geschichtlichen der geglaubte Petrus wurde. Doch gilt es dabei, sie vor dem Bild eines »heiligen« Petrus zu bewahren. Sie selbst kennen Schwächen zur Genüge und hoffen, sich dennoch zu bewähren. So ist Petrus ihnen menschlich nahe. Ein Kind schreibt: »Petrus hatte wie jeder Mensch seine guten und seine schlechten Seiten.«

a. Petrus und Jesus – Petrus und Christus

Was wir tun können
- Meinungen über Petrus erörtern.
- Den geschichtlichen Petrus kennenlernen (Herkunft, Berufung, Nachfolge).
- Die Berufung des Petrus als Glaubenszeugnis deuten.
- Die Fels- und Schlüsselgeschichte als Urtext der Kirche verstehen.
- Von der kirchengeschichtlichen Wirkung des Petrus hören.

Was man von Petrus sagt

Petrus, wer ist das? – Oh, da gibt es viele Meinungen. Manche sagen, Petrus ist für das Wetter zuständig, ob die Sonne scheint oder ob es regnet. Manche sagen, er sitzt im Himmel an der Tür. Er lässt die Seelen der Guten ein. Manche sagen, er war der erste Bischof von Rom. Der Papst heute ist sein Nachfolger. Er sitzt auf dem »Stuhl« des Petrus.

Die Angler sagen: »Petri Heil!« Sie hoffen auf guten Fang. Die Seeleute sagen: »Petrus, hilf uns!« Sie denken an Schutz in der Not. Legende und Märchen erzählen von Petrus, dass er mit Gott und mit Christus auf der Erde ging. Auch, dass er Fehler machte, schwach war.

Manche sagen: »Petrus war ein Freund von Jesus. Er ist mit ihm gegangen. Er hat viele Fragen gestellt. Er war wankelmütig. Einmal hat er Jesus verleugnet – als es darauf ankam, als es hart auf hart ging nach der Verhaftung Jesu.«

Manche sagen: »Petrus hat zu Pfingsten gewaltig gepredigt. Er war kein Angsthase. Er ist für Jesus gestorben.«

Viele Meinungen. Wer war dieser Petrus wirklich?

Der historische Petrus

Sein Geburtsname ist Simon. Sein Vater heißt Jona. Petrus kommt aus Bethsaida, dem Fischerdorf am See Genezareth in Galiläa. Später wohnt er in Kapernaum am See. Er ist verheiratet. Die Reste des Ortes Kapernaum von damals hat man heute ausgegraben.

MK 1,29–31

Markus, der Evangelist, hat erzählt, dass Jesus in Kapernaum zur

Schwiegermutter des Petrus ins Haus kommt. Sie ist krank. Sie hat Fieber. Sie liegt zu Bett. Jesus nimmt ihre Hand. Er richtet sie auf. Das Fieber verschwindet. Die Schwiegermutter des Petrus kann aufstehen. Sie kann für ihre Gäste sorgen.

Die Berufung, historisch

MK 1,14–18

Auch dies hat Markus erzählt: Simon ist ein armer Fischer. Er fischt mit dem Wurfnetz im flachen Wasser am Ufer des Sees Genezareth. Er fängt kleine Fische, zusammen mit seinem Bruder Andreas.

Jesus kommt am See entlang. Er sieht die beiden, Simon und Andreas. Gerade werfen sie ihr Netz aus. Mit großem Schwung. Jesus ruft: »Ihr da, kommt mit! Gott braucht euch. Kommt! Ich mache euch zu Menschenfischern! Ihr sollt jetzt Menschen fischen für Gott!« – Sofort kommen die beiden aus dem Wasser. Sofort lassen sie ihr Wurfnetz am Ufer liegen. Sofort gehen sie mit. – Es ist unglaublich …

Menschen »fischen« – was heißt das? Alles aufgeben, die Frau, die Eltern, die Kinder, das Zuhause. Keine Fische mehr fangen. Keine Fische mehr auf den Markt bringen. Kein Geld mehr verdienen für die Familie. Fortsein von allem. Immer unterwegs sein. Immer bei Jesus sein. Nicht wissen, ob man zu essen bekommt. Nicht wissen, wo man schlafen wird. Nicht mehr an sich denken, nur noch an Gott. Und an die Menschen, die auf Hilfe warten.

Simon sieht, wie das ist bei Jesus: wie Jesus für andere da ist,wie er auf sie hört, ihnen hilft, wie er Kranke heilt, wie er mit Zöllnern zu Tische sitzt, wie er die Kinder in die Arme nimmt, wie er sagt: »Auch die verachteten Samaritaner gehören zu Gott, auch die Zollbetrüger, auch die Frauen, die verschrien sind, dass sie es mit Männern treiben.«

Simon sieht und hört, wie Jesus in Gleichnissen von Gott erzählt, wie Jesus sich streitet mit den Lehrern der Schrift. Simon begreift, was das heißt: Menschen fangen für Gott. Später haben die Christen eine Geschichte davon erzählt. Lukas hat sie aufgeschrieben.

Die Berufung des Simon Petrus als Glaubensgeschichte

LK 5,1–11

In dieser Geschichte ist Christus am See. So viele Menschen umdrängen ihn, dass er in ein Boot steigt, um vom Wasser aus zu predigen. Es ist das Boot des Fischers Simon. Christus spricht zu den Menschen vom Boot aus. Dann aber schaut er Simon an: »Du, fahre weiter hinaus, dorthin, wo das Wasser tief ist. Dort werft eure Netze aus, du, der andere Fischer in deinem Boot und Johannes und Jakobus vom anderen Boot. Dort sollt ihr Fische fangen.«

Simon sagt: »Herr, wir haben uns abgemüht. Wir haben nichts gefangen – die ganze Nacht. Nur bei Nacht fängt man die Fische draußen über den Tiefen. Nicht bei Tage.« Wieder schaut Christus Simon an. Er sagt nichts …

Da spricht Simon: »Auf dein Wort, Herr. Weil du es sagst, will ich es tun. Ich fahre hinaus.« – Und da, als sie die Netze werfen über den Tiefen, da fangen sie Fische, unzählbar viele. Die Netze drohen zu zerreißen. Da rufen sie Johannes und Jakobus vom anderen Boot: »Kommt! Helft uns!«

Simon aber, als er das sieht, die unzähligen Fische, da fällt er vor Christus auf die Knie: »Herr, geh fort von mir! Ich bin nicht wert, dass du bei mir bleibst. Ich habe an dir gezweifelt. Ich bin ein Sünder …«

So erschrocken ist Simon. Zittern ist über ihn gekommen, Entsetzen. Christus aber spricht zu ihm: »Gerade du, Petrus! Fürchte dich nicht: Dich will Gott. Du sollst einer sein, der Menschen einfängt. Von nun an!«

So hat es Lukas aufgeschrieben. Etwa sechzig Jahre später. In einer Zeit, als sich schon alles erfüllt hatte: Unzählige Fische – unzählige Menschen. Unzählige waren zu Christus gekommen, die Netze waren voll. Für Lukas war alles ganz wunderbar …

Man merkt etwas in der Geschichte von Lukas: Simon hat einen neuen Namen bekommen. Simon heißt jetzt Petrus: Fels.

Petrus, der Fels

MT 16,18–19

Auch Matthäus hat davon erzählt, wie Jesus zu Simon sagt: »Petrus – Fels

– sollst du jetzt heißen.« Ein Fels, der ist hart, fest, stark, schwer. Nicht leicht zu zerstören. Ein Fels kann viel tragen, viel aushalten. Hoch ragt er auf.

PSALM 31,3

»Gott ist wie ein starker Fels«, haben die Menschen in Israel gesagt. Sie haben so gebetet: »Gott, du bist mein Fels.«

MT 7,24–25

Und auch Jesus sagte: »Wer sein Haus auf den Felsen baut, der hat es sicher gebaut. Wenn ein Wolkenbruch niedergeht, wenn Flüsse über die Ufer treten, wenn ein Sturm am Haus rüttelt – es stürzt nicht ein. Ist es doch auf Fels gebaut.« Petrus also, Fels.

Das Amt der Schlüssel

MT 16,13–19

Matthäus hat auch das von den Schlüsseln aufgeschrieben. Später, lange nach Ostern. Diese Geschichte ist so:

Jesus kommt in die Nähe einer Stadt. Es ist die Stadt Caesarea Philippi. Jesus fragt seine Freunde: »Für wen halten die Leute mich?« Sie antworten: »Einige halten dich für Johannes den Täufer. Die denken: Johannes ist wiedergekommen. Einige halten dich für den Propheten Elija. Die denken: Elija ist wiedergekommen. Einige halten dich für den Propheten Jeremia. Die denken: Jeremia ist wiedergekommen. Einige halten dich für einen anderen Propheten …«

Jesus sieht seine Freunde an. »Und ihr, für wen haltet ihr mich?« Da sagt Simon Petrus: »Du bist Jesus Christus, der Retter, der Sohn des lebendigen Gottes!« Da sagt Jesus: »Das weißt du von Gott. Simon, Sohn des Jona, du darfst dich freuen: Du bist wie ein Fels. Auf dich als Felsen will ich meine Kirche bauen.«

Und Jesus spricht weiter: »Ich gebe dir die Schlüssel, Petrus, die Schlüssel zum Reich Gottes, zu Gottes neuer Welt. Mit einem Schlüssel kannst du zuschließen, dass niemand hineinkommt, der nicht soll. Mit einem Schlüssel kannst du aufschließen, öffnen, Menschen einlassen zu Gott.« [Nr. 6.43]

Jesus schaut Simon Petrus an: »Ich gebe dir die Macht, Petrus, anzunehmen und abzulehnen. Wen du hier auf Erden ablehnen wirst, den wird auch Gott ablehnen. Wen du hier auf Erden annehmen wirst, den wird auch Gott in seiner neuen Welt annehmen.«

Als Matthäus das aufschreibt, lange Zeit nach Ostern, da ist es bereits so eingetroffen: Die Kirche ist wie ein Haus, auf den Felsen gebaut. Wenn Wolkenbrüche niedergehen, wenn Flüsse über die Ufer treten, wenn Stürme am Haus rütteln, es stürzt nicht ein.

Als Matthäus das aufschreibt, da hat sich vieles erfüllt: Viele Christen verehren Petrus. Sie sagen: »Er ist wahrhaft wie ein Fels, der Fels, der unsere Kirche trägt. Und wir in der Kirche gebrauchen die Schlüssel. Wir schließen auf für die einen, die zu Christus kommen wollen. Wir schließen zu für die anderen, die nur stören, die etwas Falsches bekennen, die Gott und Christus verachten. Es ist, als ob Petrus zuschließt und aufschließt.«

Wirkung bis in die Gegenwart

Und Christen von heute sagen: »So war das von Anfang an. So ist die Kirche geworden: Christus hat Petrus die Schlüssel gegeben.«

Petrus kam als Hirte zu den Christen nach Rom. Petrus war der erste Bischof von Rom. Petrus hat viele Mühsale ertragen. Er hat der Gemeinde in Rom gedient. Er ist in Rom gestorben. Er wurde in Rom begraben. Auch Paulus wurde in Rom begraben.

»Gehst du in Rom zum Vatikanischen Hügel, du findest das Grab des Petrus. Gehst du in Rom an die Straße nach Ostia, du findest das Grab des Paulus.« So hat es jemand aufgeschrieben, schon in der ganz frühen Zeit. [Nr. 6.44]

Und über den Gräbern von Petrus und Paulus wurden Kirchen errichtet zur Erinnerung. Über dem Grab des Petrus zuerst eine kleine Kirche, später die herrliche Kirche des Kaisers Konstantin. Und heute steht über dem Grab des Petrus der Petersdom, die größte Kirche der Christenheit.

Nach Petrus sind andere Bischöfe gekommen in Rom. »Papa« nannte man einen von ihnen. Seitdem heißt der Bischof von Rom »Papa« – »Papst«. Katholische Christen sagen: »Der Papst ist der Erste unter den Bischöfen in der Welt.«

b. Der Mensch Petrus – nach den Evangelien

Was wir tun können

- Texte kennenlernen, in denen Petrus fragt und Jesus antwortet.
- Den Weg kennenlernen, den Petrus mit Jesus geht.
- Den Weg von Ostern bis Pfingsten mit Petrus gehen.
- Petrus als einen Lehrer der wachsenden Christenheit kennenlernen.
- Das spannungsreiche Verhältnis von Judenchristen und Heidenchristen am Beispiel der Auseinandersetzung zwischen Petrus und Paulus nachvollziehen.
- Den Menschen Petrus entdecken, mit Stärken und Schwächen.

Der Lohn der Nachfolge

MT 19,27–30

Petrus – Fels! Aber zu seinen Lebzeiten ist er kein Fels. Petrus ist unruhig. Er sucht. Er zweifelt. Er fragt. Er will gern wissen, was er bekommt, dafür, dass er mit Jesus geht. »Jesus, du weißt es: Wir haben alles liegen und stehen lassen. Wir sind mit dir gegangen. Sag, was haben wir davon? Was bekommen wir dafür?«

Jesus schaut Petrus an. »Jeder, der meinetwegen seinen Besitz, seine Geschwister, seine Eltern, Frau und Kinder zurücklässt, der ist für immer bei Gott. Ganz gleich, ob er früher oder später kommt. Aber viele, die jetzt meinen, sie seien die Ersten, die werden die Letzten sein. Und umgekehrt.«

Das Gleichnis von den Arbeitern im Weinberg

MT 20,1–16

Und Jesus erzählt zum Vergleich die Geschichte von dem Herrn des Weinbergs, der alle Arbeiter gleich belohnt, obwohl manche von ihnen viel weniger gearbeitet haben.

Es ist die Geschichte von dem Herrn, der ganz gerecht ist, weil er sich an den abgesprochenen Lohn hält, und der dennoch anders lohnt, als manche es sich ausrechnen.

Es ist ein Gleichnis von dem Herrn, der sagt: »Kann ich nicht den anderen, die weniger arbeiten, ebenso viel geben – aus lauter Güte?«

Was Jesus damit meint? – Alle, die zu Gott wollen, mit all ihrer Kraft, die können in seine neue Welt gelangen, auf immer, ganz gleich, ob sie mehr oder weniger dafür getan haben.

Vom Vergeben

MT 18,21–22

Ein anderes Mal fragt Petrus: »Jesus, wie ist das, wenn mein Bruder schuldig wird an mir, wenn er mir immer wieder Böses antut – wie oft soll ich ihm vergeben? Ist sieben Mal genug?«

»Nein«, sagt Jesus, »nicht siebenmal sollst du vergeben, sondern siebzigmal siebenmal, unendlich oft, immer und immer wieder. Und du sollst vergeben, wie Gott es will: von Herzen.«

Das Gleichnis vom hartherzigen Schuldner

MT 18,23–35

Und Jesus erzählt zum Vergleich die Geschichte von dem König, der mit den Verwaltern seiner Güter abrechnen will: Wie zu Beginn ein Verwalter kommt, der dem König Millionen schuldet. Und wie dieser Verwalter nicht zahlen kann, wie er den König anfleht: »Erbarme dich, Herr! Sieh meine Schuld nicht an!« Und wie der König sich tatsächlich erbarmt und dem Verwalter die ganze riesenhafte Schuld erlässt.

Wie jener aber hingeht und draußen einen Mitverwalter trifft, der ihm einen kleinen Betrag schuldet, eine winzige Summe. Und wie er sich groß macht. Wie er jenem an die Gurgel geht, alles von ihm fordert – ohne Erbarmen.

Und wie die Diener voller Zorn dem König all das berichten und wie der König daraufhin den Verwalter hart bestraft.

Was Jesus Petrus damit sagen will?: Dir wird über die Maßen vergeben. Von Gott. Darum sollst auch du deinen Mitmenschen vergeben. Von Herzen. Siebzigmal und mehr. Immer.

Petrus widerspricht Jesus

MT 16,21–23

Einmal ist Jesus mit Petrus sehr streng gewesen. Matthäus erzählt davon: Jesus sagt zu seinen Freunden: »Ich muss nach Jerusalem gehen. Dort werde ich viel leiden. Und man wird mich töten …« Petrus sagt zu Jesus: »Herr, das darf nicht sein. So etwas darf nicht geschehen mit dir! Niemals!« Jesus aber wendet sich um. »Petrus, der Teufel spricht aus dir! Du willst mich durcheinanderbringen. Ich muss das tun. Weil Gott es will.«

Jesus wäscht Petrus die Füße

JOH 13,1–17

Dann sind sie in Jerusalem. Das Passafest soll beginnen. Johannes hat davon erzählt. Jesus weiß: Meine Zeit ist gekommen. Da will er seinen Freunden seine Liebe zeigen. Bis zuletzt. – Johannes hat erzählt, wie Jesus bei diesem Passafest seinen Freunden die Füße gewaschen hat. Nach dem Essen.

Jesus weiß, dass er leiden, sterben muss. Da steht er auf vom Essen. Er legt sein Obergewand ab. Er nimmt ein Leinentuch. Er bindet es sich um. Er gießt Wasser in ein Becken. Er kniet nieder. Er fängt an, seinen Freunden die Füße zu waschen. Er trocknet ihnen die Füße ab mit dem Tuch. Fußwaschung! Niedrigster Sklavendienst! Nicht einmal von einem Sklaven darf man das in Israel verlangen.

Jesus wäscht seinen Freunden die Füße. Er kommt auch zu Petrus. Der sagt: »Du willst mir die Füße waschen, du, mein Herr!?« Jesus sagt: »Was ich tue, verstehst du jetzt noch nicht. Später wirst du es verstehen.« Petrus sagt: »Nein, nie! Niemals sollst du mir die Füße waschen!«

Jesus sagt: »Wenn ich dir nicht die Füße wasche, gehörst du nicht mehr zu mir.« Petrus ist erschrocken. »Wenn das so ist, Herr, dann wasche mir nicht nur die Füße, dann wasche mir auch die Hände, auch den Kopf.« Jesus sagt: »Wer sich die Füße waschen lässt, der ist ganz rein. Ihr seid alle rein – nur einer nicht.« Jesus denkt an Judas. Er weiß, dass Judas ihn verraten wird.

Jesus setzt sich zu Tisch. Er sagt: »Begreift ihr, was ich eben für euch tat? – Ihr nennt mich Lehrer und Herr. Ihr habt recht. Ich bin euer Herr. Und doch habe ich euch die Füße gewaschen. Versteht ihr, was ich meine? Ich wollte euch ein Beispiel geben. Ihr sollt ebenso tun. Keiner soll Knecht sein, keiner Herr. Ihr sollt euch alle gegenseitig die Füße waschen. Keiner soll mehr sein wollen als der andere. Ihr sollt euch liebhaben untereinander. Ihr sollt das Gute tun.«

Petrus will fest zu Jesus halten

MT 26,31–35

Ja, Petrus will das Gute tun. Er will zu Jesus halten. Immer. Alles will er richtig machen. Aber oft schafft er es nicht. Immer wieder wird er schwach.

Am Abend – sie haben das Mahl gegessen, sie haben das Danklied gesungen – da gehen sie hinaus in die Nacht. Zum Ölberg. Jesus sagt: »Der Hirte wird getötet. Die Herde wird auseinanderlaufen. Ihr werdet zweifeln an mir.« Petrus sagt: »Nein, nein, nein! Andere vielleicht. Ich nicht. Ich werde nicht zweifeln an dir.«

Jesus sagt: »Heute Nacht, ehe der Hahn zweimal kräht, hast du mich dreimal verleugnet.« Jesus schaut Petrus an … Petrus sagt: »Nein! Niemals! Und wenn ich sterben müsste mit dir!«

Petrus kann nicht wachen mit Jesus

MT 26,36–45

In dieser Nacht: Jesus ist im Garten Gethsemane mit Petrus, Johannes und Jakobus. »Wartet hier«, sagt er. »Wacht mit mir. Ich muss dort hingehen und beten.«

Jesus zittert. Er hat Angst, Todesangst. Jesus geht in den Garten hinein. Jesus wirft sich hin auf die Erde vor Gott. Er betet.

Jesus kommt zurück. Sie schlafen, die drei: Petrus, Johannes und Jakobus. »Schläfst du?«, sagt Jesus zu Petrus. »Kannst du nicht einmal eine Stunde mit mir wachen? – Ihr drei, bleibt wach! Betet! Ich weiß, ihr habt guten Willen. Aber ihr seid schwache Menschen.«

Und wieder geht Jesus hin und betet. Er kehrt zurück. – Sie schlafen. Da ruft Jesus laut: »Schlaft ihr denn immer noch? Genug jetzt! Steht auf! Da kommt er schon, der mich verrät!«

Petrus will Jesus verteidigen

JOH 18,3.10–12

Judas kommt, einer der Freunde Jesu. Er will Jesus ausliefern. Er kommt mit Soldaten des Hohenpriesters. Judas tritt auf Jesus zu. Er küsst ihn. Da wissen die Soldaten: Der ist es! Da verhaften sie ihn.

Petrus aber will Jesus verteidigen. Er zieht sein Schwert. Er schlägt einem der Soldaten ein Ohr ab. Jesus aber spricht: »Lass ab! Keine Gewalt! Stecke es ein, dein Schwert!«

Petrus verleugnet Jesus

MK 14,53.66–72

In dieser Nacht bringen sie Jesus fort zum Palast des Hohenpriesters. Und Petrus folgt den Soldaten. Vorsichtig. Heimlich. Von fern. Er kommt in den Innenhof. Er setzt sich ans Feuer. Heimlich. Drinnen steht Jesus vor Gericht.

Draußen aber: Eine Dienerin kommt. Sie sieht Petrus am Feuer. Sie blickt ihn scharf an. »Du warst doch auch bei diesem Jesus aus Nazareth?!« »Nein«, ruft Petrus. »Wieso? Ich weiß nicht, wovon du redest.« Petrus steht auf. Er geht in die Vorhalle. Da – ein Hahn kräht!

Das Mädchen aber geht Petrus nach. Sie sagt es den Soldaten: »Der da – der gehört auch zu Jesus!« Petrus schreit los: »Das ist nicht wahr! Das ist gelogen!«

Kurz darauf beginnen die Soldaten Petrus zu mustern. »Ja, es ist richtig: Du bist aus Galiläa, genau wie dieser Jesus! Wir merken es an der Art, wie du sprichst. Deine Sprache verrät dich!« »Nein!«, schreit Petrus. »Gott soll mich strafen. Ich schwöre: Ich kenne ihn nicht!«

Da – wieder kräht ein Hahn. Da schießt es Petrus ins Herz: Mein Gott! Was habe ich getan? … Und Petrus geht hinaus aus dem Hof und weint bitterlich.

Bei der Kreuzigung ist Petrus nicht mehr da

Und dann wird Jesus zum Tode verurteilt – von Pontius Pilatus, dem Römer. Die Freunde sind nicht mehr da. Auch Petrus ist nicht mehr da. Jesus wird gekreuzigt. Er stirbt. Er wird begraben.

Doch der Tod hat keine Macht über ihn. Etwas Neues kommt. Gott macht etwas sichtbar. Gott gibt Jesus neu zu sehen. Er gibt ihn zu sehen als den König, den Gesalbten, als den Christus.

Viele haben ihn gesehen, Jesus, den Christus. Mit dem Herzen. Mit den Augen des Glaubens. Ein anderes Sehen ist das. Nur wer glaubt, kann sehen.

Petrus sieht den Auferstandenen

1 KOR 15,5–8

Petrus hat Christus gesehen, Petrus als Erster. Er ist wieder da. Jakobus hat Christus gesehen. Die Zwölf haben ihn gesehen. Paulus hat ihn gesehen. Die Freunde sind wieder da. Sie atmen auf. Keine Trauer mehr. Keine Angst. Sie leben wieder: Glück und Freude. Eine neue Zeit: Gottes Zeit.

Petrus leitet die erste Gemeinde

Und was tut Petrus jetzt, in dieser neuen Zeit? Er ist zusammen mit Jakobus und Johannes und mit den anderen Freunden. In Jerusalem. Auch Frauen sind dabei. Auch Maria ist dabei, die Mutter von Jesus.

Einmütig sind sie beieinander. Sie essen zusammen. Sie beten miteinander. Sie erzählen einander von Jesus, dem Christus. Und Petrus ist einer der Ersten unter ihnen.

APG 1,21–26

Aber einer ist nicht mehr dabei: Judas, der Jesus ausgeliefert hat. Da sagt Petrus: »Wir müssen jemand anderen wählen für Judas. Wir müssen wieder zwölf sein – so wie die Söhne Jakobs. Wir brauchen einen, der es überall mit uns verkündet, dass wir Jesus gesehen haben. Dass er lebt. Dass Gott ihn nicht bei den Toten gelassen hat. Wir brauchen einen, der dabei war auf allen unsern Wegen mit Jesus von Anfang an, einen, der all das erzählen kann, was Jesus tat, was er sagte von der Zeit an, als Johannes ihn taufte bis zu dem Tag, als Jesus starb.« Da wählen sie Matthias.

Petrus hat den Auftrag bekommen, sie alle zu führen, der Hirte zu sein für die Schafe, Petrus, der Fischer. So hat es der Evangelist Johannes später erzählt – um das Jahr 100:

Petrus erhält von Christus sein Amt

JOH 21,1–17

Nach Ostern. In Galiläa. Am See Genezareth. Sieben Jünger sind dort: Petrus, Thomas, Nathanael, Johannes, Jakobus und noch zwei andere. Petrus sagt: »Ich gehe fischen.« Die anderen sagen: »Wir kommen mit.« Sie fahren hinaus in die Nacht mit dem Boot, doch sie fangen nichts.

Am Morgen. Die Sonne geht auf. Da – Christus am Ufer, der König

Gottes. Die Jünger schauen. Sie erkennen ihn nicht. »Was habt ihr gefangen?« Er fragt sie. »Nichts, nicht einen Fisch!« Er sagt: »Werft eure Netze aus! Dann werdet ihr fangen. Sie tun es. Sie werfen die Netze. Sie fangen Fische, unglaublich viele. Ihr Netz ist übervoll. »Es ist der Herr«, sagt Johannes.

Da springt Petrus ins Wasser. Er kommt zum Ufer. Die anderen kommen nach, mit dem Boot, mit den Fischen. Ein Feuer am Ufer, Holzkohle, glühend. Fische braten. Brot liegt da. »Kommt und esst!« Christus sagt es. Er verteilt das Brot, die Fische. Sie essen mit ihm.

So viele Fische haben sie gefangen! Sie sind verwundert. Sie wissen: So viele Fische – so viele Menschen. So viele Menschen kommen zu Gott, zu Christus. Doch keiner von ihnen wagt zu fragen: »Herr, bist du es wirklich?«

Nach dem Essen: Christus spricht zu Petrus: »Simon, hast du mich lieb?« »Ja, Herr, du weißt es.« Christus spricht: »Sorge für meine Schafe. Du bist der Hirte.«

Wieder schaut Christus Petrus an. »Simon, hast du mich lieb?« »Ja, Herr, du weißt es.« Christus spricht: »Führe meine Schafe!«

Und wieder schaut Christus Petrus an. »Sag, hast du mich lieb?« Petrus wird traurig. »Herr, du weißt es: Ich habe dich immer lieb.« Christus spricht: »Sorge für meine Schafe. Geh und suche Menschen für Gott.« Und Petrus geht. Er lässt jetzt nicht mehr ab, Menschen für Gott zu suchen, Menschen zu »fischen«.

Die Pfingstpredigt des Petrus

APG 2,1–41

Und dann ist Pfingsten. Lukas erzählt davon in der Apostelgeschichte. Es ist in Jerusalem, flammendes Fest des Geistes. Der Geist ist über sie gekommen, über die Freunde von Jesus. Es brennt in ihnen. Sie sind entflammt. Und Petrus predigt mit glühenden Worten.

Und sie hören, die vielen Menschen aus aller Welt, die in Jerusalem sind. Und sie fragen: »Was sollen wir tun?« Und Petrus sagt: »Ändert euch! Kehrt um zu Gott!« Und sie lassen sich taufen von Petrus, Tausende … Der Geist ist mit ihnen, flammender, glühender, heiliger Geist von Gott. Alles ist, als ob Christus es tut.

Die Gemeinschaft der Christen von Pfingsten

APG 2,42–47

Und Lukas hat erzählt, wie sie zusammen sind in der Gemeinde, wie sie ihren Besitz gemeinsam haben, wie sie Grundstücke und wertvolle Gegenstände verkaufen, wie sie das Geld denen geben, die es brauchen, den Armen. Jeden Tag sind sie im Tempel. Sie loben Gott. Überall sind sie gern gesehen. Und jeden Tag werden sie mehr.

Petrus hilft und heilt wie Jesus

APG 3,1–9; 4,1–35

Und sie heilen Kranke. Petrus und Johannes heilen den Lahmen am »Schönen Tor« des Tempels: »Im Namen Jesu, steh auf!« Und da, da ist er auf den Beinen. Mit einem Sprung. Und die Menschen im Tempel sind starr vor Staunen. »Wir tun das nicht aus eigener Kraft.« Petrus und Johannes sagen es. »Wir tun es im Vertrauen auf Christus.«

Aber die Priester im Tempel wollen das nicht, dass solche Heilung geschieht. Sie lassen die beiden verhaften. Sie fragen sie aus vor Gericht: »Woher habt ihr diese Kraft?« – »Wir haben sie von Jesus, dem Christus«, sagen Petrus und Johannes. »In seinem Namen heilen wir. Kein Name ist größer in der Welt.«

Da ergeht ein Verbot vom Gericht der Priester: »Sagt diesen Namen nicht mehr weiter. Niemals mehr!« Sie aber sprechen: »Wir können euch nicht gehorchen. Wir gehorchen nur Gott. Was wir sahen, was wir hörten, das können wir nicht verschweigen. Wir wollen es nicht verschweigen.« Erstaunt sind die Priester: »Was für mutige Männer!« Sie lassen die beiden frei.

So kommen Petrus und Johannes zurück zu den anderen Christen. Alle freuen sich. Sie sind ein Herz und eine Seele. Immer wieder helfen sie einander. Sie halten fest zusammen. Petrus aber predigt. Tag für Tag. Im Tempel. In Jerusalem. Und Philippus predigt. Und die anderen Freunde predigen. Sie legen den Menschen die Hände auf, dass sie den Geist Gottes empfangen.

Die gute Nachricht breitet sich aus

Sie gehen hinaus aus der Stadt. Sie predigen in der Umgebung. Sie kommen in die Berge Samariens. Philippus kommt in die Hauptstadt Samariens. Petrus kommt ans Meer nach Jafo.

Dort erhält er eine Botschaft aus Caesarea am Meer, dem römischen Regierungssitz. Ein Bote kommt zu Petrus. Er kommt von Kornelius, dem römischen Centurio.

Petrus weiß: Dies ist eine Botschaft von Gott. Petrus hat es erfahren wie in einem Traum: Ich soll dem Boten folgen. Und er geht mit ihm. Sie kommen nach Caesarea. Sie kommen zum Haus des Kornelius.

Petrus und der römische Hauptmann

APG 10,1–48

Kornelius ist ein Heide. Petrus ist Jude. Heiden sind unrein für Juden. Aber Petrus geht in das Haus des Heiden. Das macht ihm nichts aus. Kornelius fällt vor Petrus nieder. »Wie gut, dass du gekommen bist! Ich habe von Christus gehört, eurem Herrn. Er soll auch mein Herr sein.«

Petrus hebt ihn auf. »Gott hat alle Menschen lieb, Juden und Heiden: In Christus sind wir Brüder.« Petrus legt ihm die Hände auf: »Nimm lebendigen Geist von Gott. In diesem Geist können wir Gutes tun, du und ich.«

Kornelius spürt, dass sich alles verändert. Er ist vom Geist ergriffen. Er lässt sich taufen. Lukas hat das aufgeschrieben. In der Apostelgeschichte.

Petrus trifft Paulus

Und Petrus ist wieder in Jerusalem. In der Gemeinde dort, als ihr Leiter, zusammen mit Johannes und Jakobus. Da erhalten sie Besuch von Paulus. Dieser Paulus: Zuerst war er ein glühender Feind der Christen. Jetzt er ihr glühender Freund. Seit Damaskus, seit es ihn durchfuhr wie ein Blitz. Seit er weiß, dass es Christus war, den er verfolgte, Gottes König, der einzig wahre Herr.

GAL 1,18

Paulus will Petrus kennenlernen. Er will mit ihm reden. Er will alles erfahren über Jesus. Er fragt und fragt. Und Petrus gibt ihm Antwort, erzählt ihm alles. Sie haben sich viel zu sagen. Zwei Wochen bleibt Paulus bei Petrus.

Petrus verzichtet auf die Beschneidung

Jahre später: Paulus ist in Antiochia, der griechischen Stadt in Syrien. Paulus ist mit Barnabas zusammen. Beide haben in Antiochia schon viele Menschen zu Christus gebracht, Juden und Griechen.

Eines Tages kommen Christen aus Jerusalem: »Ihr Griechen, ihr seid keine richtigen Christen! Ihr müsst erst Juden werden, bevor ihr Christen werden könnt. Ihr müsst euch beschneiden lassen.«

Beschneidung, das ist: Ein Stück Vorhaut vom Glied der Jungen wird abgeschnitten. Das dient der Reinlichkeit, der Reinheit. Nur wer beschnitten ist, gehört zum Volk Gottes. Das Gesetz der Beschneidung haben die Juden schon seit uralten Zeiten. Und es gilt bis heute. [Nr. 6.45]

Als aber die Griechen das hören – »Ihr müsst euch beschneiden lassen« –, da trifft es sie wie ein Blitz. Juden werden? Wie fern ist ihnen das! Sie lieben Christus. Genügt das nicht?

GAL 2,1–10

Sie bitten Paulus und Barnabas, nach Jerusalem zu reisen und für sie zu sprechen. Und so geschieht es. Es gibt eine große Beratung, eine Konferenz, in Jerusalem. Paulus spricht für die Griechen. Paulus glüht: »Nein, das können wir nicht verlangen, dass sie sich beschneiden lassen. Fordert das nicht. Fordert Gott nicht heraus!«

»Ja«, sagen Petrus, Johannes und Jakobus. »Du hast recht. Das wäre falsch. Das können wir nicht fordern. Christus ist zu uns allen gekommen, zu Juden und Griechen. Alle sind gleich. Das soll gelten. Von jetzt ab.« Sie geben sich die Hand darauf. [Nr. 6.46]

Petrus wird rückfällig

Und so gilt es auch. In Antiochia und anderswo. Aber dann, als Petrus nach Antiochia kommt, da gibt es doch wieder Streit.

Anfangs sitzt Petrus, der Judenchrist, mit den griechischen Christen zu Tisch. Sie essen miteinander. Sie denken an Jesus Christus. Aber dann kommen Leute von Jakobus aus Jerusalem. Sie reden auf Petrus ein: »Das geht nicht, Petrus, das darfst du nicht. Du darfst nicht mit diesen Griechenchristen zu Tisch sitzen. Sie sind unrein.«

Petrus ist erschrocken. Wieder wird er schwach. Er hört auf die Jakobusleute. Er steht auf. Er geht hinaus. Er lässt die Griechenchristen sitzen. Da aber tritt ihm Paulus entgegen, vor der ganzen Gemeinde, voller Zorn: »Petrus, was denkst du dir? Meinst du, wir Juden sind besser als andere? Meinst du, dass Gott uns mehr lieb hat, weil wir Juden sind?«

Paulus ist voller Zorn. »Petrus, hast du vergessen, was wir in Jerusalem besprochen haben? Sünder sind wir alle, ob Juden, ob Griechen. Ich lebe für Gott, für Jesus Christus. Das allein ist wichtig. Nichts sonst.« [Nr. 6.47]

Wir wissen nicht, was Petrus darauf antwortete. Wir wissen nur eins: Sie haben sich getrennt. Petrus ist nach Jerusalem zurückgegangen. Paulus aber ist losgezogen in die Länder, um Christus zu verkündigen. Durch ganz Kleinasien ist er gezogen und durch Griechenland.

Das Ende des Menschenfischers Petrus

Und Petrus? – Es ist in Jerusalem. König Herodes Agrippa lässt Jakobus verhaften, den Bruder des Johannes, den Fischer. Er lässt ihn töten. Petrus liegt im Gefängnis. Er kommt wieder frei.

Und dann zieht auch Petrus hinaus in die Länder. Er predigt die frohe Botschaft: »Ich kenne Jesus. Ich war mit ihm zusammen. Glaubt mir, er ist von Gott gekommen. Alle sollen gerettet werden, alle in Armut und Elend und Angst.«

Viel muss Petrus ertragen: Lange Wege in Hitze und Staub, Hunger, Durst, Anfeindungen ... Doch er sorgt für Christen und Heiden. Sie sind wie seine Schafe. Er will ihr Hirte sein. Wohin Petrus kam, wissen wir nicht. Vielleicht war er in Kleinasien, vielleicht auch in Griechenland, wie Paulus. Eins aber wissen wir: Zuletzt war Petrus in Rom.

Rom, Hauptstadt des Reiches, machtvoll, glänzend. Petrus ist Hirte der Schafe in Rom. Er ist bei den Christen. Er tröstet sie. Die Christen in Rom sind in großer Not. Nero wütet unter ihnen, dieser Wahnsinnige, Nero, Kaiser der Römer.

Rom brennt – in einer furchtbaren Feuersbrunst. Nero lässt die Christen beschuldigen: »Ihr seid es, ihr habt das Feuer gelegt!« Nero lässt die Christen verfolgen, gefangen nehmen, einkerkern, den wilden Tieren vorwerfen. Er lässt sie kreuzigen. Er lässt sie als lebende Fackeln verbrennen.

 Auch Petrus stirbt am Kreuz. Wie Jesus. Sie begraben Petrus, die Christen von Rom, die übriggeblieben sind. Sie begraben ihn auf dem Vatikanhügel. In einem Armengrab, Dort, wo heute der Petersdom steht, irgendwo dort …

Die Christus-Geschichte von der Angst des Petrus

MT 14,22–31

Angst! Petrus hat Angst gehabt. Wie alle, die so sterben müssen, einen so furchtbaren Tod. Später haben die Christen davon erzählt, wie Petrus in den Wellen der Angst war, auf dem Meer der Angst. Matthäus hat diese Geschichte aufgeschrieben:

Nacht ist. Die Freunde sind im Boot. Mitten auf dem Meer. Ein Sturm tobt. Es ist dunkel. Jesus, der Christus, ist zurückgeblieben. Er ist auf dem Berg. Er betet. Die Freunde aber sind in großer Not. Mitten auf dem Meer. Mitten in der Nacht. Mitten im Sturm. Mitten in der Angst.

Und da geschieht es: Christus ist bei ihnen, Christus, der Herr. Mitten im Sturm. Mitten in der Angst. Mit einem Mal. Mitten im Dunkel. Mitten in der Nacht. Er ist übers Meer gekommen, über die Wellen der Angst. Sie aber sind voll Furcht.

Er sagt: »Ich bin es, euer Herr. Habt keine Angst!« Petrus ruft: »Herr, wenn du es bist, lass mich zu dir kommen übers Meer. Sag, dass ich kommen soll.« – »Komm«, sagt Jesus, der Christus. Und Petrus geht auf ihn zu. Über das Meer der Angst. Aber die Wellen: Zu groß! Zu hoch! Zu mächtig! Petrus versinkt.

Christus streckt die Hand aus. Er greift Petrus. Er hält ihn fest. Er lässt ihn nicht untergehen. Christus spricht: »Petrus, du hast nicht genug Vertrauen. Du kannst über das Meer gehen, über die Wellen der Angst, wenn du genug Vertrauen hast, genug Glauben.«

7. Paulus

Hinweise

Wer war dieser Paulus – wer ist er? Ein leidenschaftlich bewegter Mensch ohne Zweifel, einer der bekanntesten Menschen der Antike; einer der ersten und größten christlichen Theologen, weltgeschichtlich wirksamer Missionar der Jesusbotschaft; ein Mann von universalem Geist und universalen Perspektiven, der in seinem Handeln, seiner Hoffnung und seinen Visionen die Weiten des mediterranen Raums durchmaß, um eine Welt für Christus zu schaffen. Paulus sah sich als Sklave seines Herrn. Er sah sich durch Christus freigemacht zur Liebe. Als Mensch für Menschen erlitt er Verfolgung, Schmach, Peinigung, aber zwischen Leiden, Glauben und Hoffnung erfuhr er immer wieder auch Zuwendung und Tröstung, Hilfe und Freundschaft von seinen Mitarbeitenden, seinen Gemeinden. Paulus war dem Alltag verhaftet, dem Zeltmacherberuf in Sorge um den eigenen Unterhalt; er war in Geldsorgen für die Armen in Jerusalem, in Sorge vor allem für seine Gemeinden, die, kaum gegründet, bereits wieder, von falschen Brüdern verunsichert, auf Abwege gerieten. Dass er sein Leben stets von Neuem aufs Spiel gesetzt hat für die Verkündigung des Heils und der Wahrheit, das macht ihn den großen Gottesmännern des Alten Testaments vergleichbar, das lässt die Paulusgeschichte für Kinder so erregend, so spannend werden.

Im Einzelnen

– Der *historische Paulus*: Die Paulusforscher haben deutlich gemacht, dass der Paulus der Briefe, und zwar der eindeutig authentischen Briefe, der historische Paulus ist. Zu den echten Briefen zählen der 1. Thessalonicherbrief, die Korintherbriefe, der Galater- und der Philipperbrief, der Brief an Philemon und der Römerbrief. Diese Briefe sind unschätzbare historische Originaldokumente für die Erstgestalt und Erstausbreitung des Christentums in den Anfangsjahrzehnten nach dem Tod Jesu. Zwischen 50 und 56 n.Chr. hat Paulus sie geschrieben. Es waren die entscheidenden Jahre seiner Christusverkündigung in Griechenland (Philippi, Thessalonich, Korinth) und Kleinasien (Ephesus). Durchgehend auf Fragen von Christologie (Christuslehre) und Gemeinde bezogen, gewähren sie in biografischen Randnotizen auch Einblick in diese Jahre – und die davor liegenden ersten Jahre – des Christen Paulus. Über Kindheit und Jugend des Paulus wissen wir jedoch wenig; aus Galater 1,14 immerhin, dass Paulus, Kind jüdischer Eltern, streng im pharisäischen Gesetzesgehorsam erzogen worden war.

– Mit der dreißig Jahre nach dem Tod des Paulus in einem hellenistischen Land von Lukas verfassten *Apostelgeschichte* verhält es sich indes anders. Die Paulusererzählungen dieses theologisch konzipierten Lehr- und Erbauungsbuchs sind vielfach legendär gefärbt; dort, wo ihnen die Forschung jedoch Nähe zu historischen Ereignissen zubilligt, wurden sie in die folgende Darstellung einbezogen. Das betrifft vor allem Paulus in Philippi, in Thessalonich, in Korinth, sodann die Gefangennahme in Jerusalem, die Gerichtsverhandlungen vor den Prokuratoren Felix und Festus in Caesarea sowie indirekt auch das Ende in Rom. Manches, das in der Forschung mit guten Gründen vermutet wird, aber dennoch nicht eindeutig zu beweisen ist, wurde ebenfalls in die Darstellung einbezogen, z.B. die Gefangenschaft des Paulus in Ephesus, die sich aus der Kombination verschiedener Briefaussagen erschließen lässt. Raffend, verdichtend, mit Blick auf wenige Hauptakzente wurden die theologisch z.T. sehr differenzierten Briefe nachgeschrieben, ohne dass die Fülle des Gesagten dadurch ersetzt oder in ihrer Tiefe ausgelotet wäre.

– Und *die Kinder*? Ein Kind schreibt z.B. über Paulus: »Ein Mann, der hat geschworen, dass er die Christen tötet. Und dann ist es wie ein Blitz gekommen. Und dann war er *für* die Christen und hat für sie gearbeitet.« Ein anderes: »In Jerusalem, da kommt der ganze Glaube von den Christen zusammen. Da waren die Apostel Petrus und Jakobus und Johannes.« Ein anderes: »Paulus hat immer gemacht, was Gott verlangt hat.« Ein anderes: »Er hat alle Gefahren in Kauf genommen.« Ein weiteres: »In Korinth sind auch berühmte Briefe von Paulus angekommen.« Das zeigt: Kinder (ab etwa 10) können die Paulusgeschichte in ihren zahllosen »Bildern« durchaus erschauen. Sie können sich damit auseinandersetzen. Sie können sich selbstständig dazu äußern. Man kann ihnen auch so »delikate« Einzelheiten wie die Beschneidung, die ja für die frühchristlichen Gemeinden (hier jüdische Christen, dort griechische Christen) von grundlegender Bedeutung war, zumuten. Sie gehen erfahrungsgemäß ganz unbefangen damit um.

a. Paulus – ein Weg mit Christus in die Welt

Was wir tun können

- Wichtige Stationen im Leben des Paulus kennenlernen.
- Dabei die weltweite Verbreitung der Christusbotschaft würdigen.
- Die Schwierigkeiten, Sorgen und Nöte des Apostels nachvollziehen.
- Seine letzte Lebensphase bedenken.

Paulus: sein Einsatz

2 KOR 11,23–27

Paulus hat alles für Jesus getan. Viel hat er ausgehalten: Er ist umhergeirrt. Er hat gefroren. Er war hungrig und durstig. Er fühlte sich schwach. Oft war er krank. Oft in Todesgefahr.

Er war im Gefängnis. Er wurde ausgepeitscht. Er wurde gesteinigt. Räuber bedrohten ihn. Er war in Seenot. Und immer wieder bekam er Schläge, Schläge von Römern, von Juden. Alles für Jesus! Alles für Jesus Christus! [Nr. 7.48]

Paulus ist gestorben für Jesus Christus. In Rom! Unter Kaiser Nero! Dreißig Jahre nach dem Tod Jesu! – Ist das ein Sieg? Für jemanden zu Tode zu kommen?

Paulus: historisch [Nr. 7.49]

Von Geburt ist Paulus ein Jude, geboren in der Stadt Tarsus am Taurusgebirge in Kleinasien zur Zeit des Kaisers Augustus. Seine Eltern sind Juden. Er lebt wie ein Jude. Sein jüdischer Name ist Saulus, nach Saul, dem ersten König des Volkes Israel.

Aber Paulus gehört auch zu den Römern. Sein Name »Paulus«, der »Kleine«, ist römisch. Paulus ist römischer Bürger.

Die Römer sind die Herren der Welt. Alle Länder rings um das Mittelmeer haben sie erobert. In allen Provinzen regieren ihre Statthalter. Überall sind ihre Legionen, ihre Soldaten, in Gallien und Spanien, in Griechenland und Ägypten, in Palästina, dem Land Jesu, in Kleinasien, der Heimat des Paulus.

Mächtig sind die Statthalter in den Provinzen. Noch mächtiger sind die Kaiser in Rom: Augustus, Tiberius, Caligula, Claudius und Nero. Rom ist die Hauptstadt der Welt.

Tarsus in Kleinasien ist eine Stadt der Römer, der Juden, eine Stadt der Griechen. Auch von den Griechen lernt Paulus viel. Er kennt ihre Sprache. Er kann griechisch lesen und schreiben.

APG 18,3

Und Paulus lernt ein Handwerk. Von Beruf wird er Zeltmacher.

Paulus: christlich

Paulus ist ein Christ. Er ist ein Mann Gottes, ein Bote, ein Gesandter von Jesus Christus. Er schreibt in einem Brief an die Gemeinde in Rom:

RÖM 8,31–39

»Wenn Gott auf unserer Seite ist, wer kann gegen uns sein? Wenn Jesus auf unserer Seite ist, wer kann gegen uns sein? Gewiss, es gibt Schwierigkeiten, Angst, Verfolgung, Hunger, Gefahr und Tod. Aber ich bin sicher: Nichts wird uns von Gott trennen, nichts wird uns von Jesus trennen, nicht das Böse unter den Menschen, nicht das Böse sonstwo, nicht das Böse jetzt, nicht das Böse in Zukunft. Nichts!«

Das hat Paulus gepredigt, überall, in vielen Ländern der Welt. Nicht jeder hat ihm zugehört. Viele Menschen zweifelten. Aber viele Menschen glaubten ihm.

Paulus: jüdisch

Nicht immer ist Paulus ein Christ gewesen. Anfangs kennt er die Christen gar nicht. Er weiß nichts von ihnen. Er ist ein Jude. Er lernt das Gesetz der Juden, das Gesetz des Mose, die 613 Gebote und Verbote, was man tun soll und was man ja nicht tun darf, unter keinen Umständen.

Paulus lernt die alten Geschichten seines Volkes, die Geschichten von Abraham, Isaak, Jakob, Josef und die Geschichten von Mose. Und Paulus lernt das Allerwichtigste:

5 MOSE 6,5 / LK 10,27

Du sollst den Herrn, deinen Gott, liebhaben / von ganzem Herzen, so sehr du kannst – / und deinen Mitmenschen sollst du lieben, / als ob du es selbst bist.

GAL 2,14

Paulus lernt, in den alten Schriftrollen der Juden zu lesen. Er lernt die hebräische Sprache. Er lernt gut. Er kann gut behalten. Seinen Altersgenossen ist er im Lernen voraus. Er macht Fortschritte im Judentum.

Streng hält er all Gebote. Er ist eifrig im Gesetz. Er will nie einen Fehler machen. Er will alles richtig machen vor Gott. Er will vollkommen sein. Er brennt vor Eifer, ein guter Jude zu sein.

Paulus wird Lehrer des Gesetzes. Er erklärt das Gesetz aus den alten Schriftrollen. Er ist sehr fromm, ein Besonderer vor allen anderen, ernst und streng. Er ist ein Pharisäer, heilig vor Gott.

Paulus verfolgt die Christen

Und dann lernt Paulus die Christen kennen. Er ist nach Damaskus gekommen in Syrien, in die große Stadt. Viele Juden sind hier Christen geworden. Paulus hört, wie sie von Jesus reden, immer nur von Jesus Christus.

Paulus hört, wie sie sagen: »Jesus ist am Kreuz gestorben, aber dennoch ist er bei uns. Gott hat ihn zu unserem Herrn gemacht. Er ist der Messias, der gesalbte König Gottes!«

Paulus sagt: »Wer ist dieser Jesus? – Ein Gekreuzigter! Ein Gehängter! Ein Verbrecher! Ein Gesetzloser! Wer am Kreuz stirbt, ist außerhalb des Gesetzes! Und der soll der Messias sein?«

Die Christen sagen: »Ja, er ist der Messias, unser Herr!« Paulus ist entsetzt. Das kann nicht sein. Das darf nicht sein. Das dürfen sie nicht sagen. Er will den Christen den Messias austreiben. Wer einem Gesetzlosen dient, der ist gegen das Gesetz!

Aber die Christen bleiben dabei: »Gott ist unser Herr. Jesus ist unser Herr. Und Jesus ist der Messias!« Da wird Paulus zornig: So darf das nicht weitergehen. Es muss etwas geschehen. Diese Leute dürfen keinem Gesetzlosen dienen. Das ist falsch.

GAL 1,13 / APG 8,3

Und Paulus lässt viele Christen gefangen nehmen. Er bringt sie vor das Gericht der Synagoge. Die Synagoge ist das Gebetshaus der Juden, das Gemeindehaus. Aber hier wird auch Gericht gehalten. Paulus klagt die Christen an: »Sie wollen das Gesetz Gottes nicht halten. Sie zerstören das Gesetz!«

Die Christen in Damaskus werden verurteilt. Sie werden ausgepeitscht. Angebunden am Pfahl bekommen sie Geißelhiebe auf Brust und Rücken, neununddreißig Schläge! – »Vierzig weniger einen«, das ist die Strafe der Synagoge.

Paulus begegnet Christus

APG 9,1–19

Paulus ist voller Zorn. Ohne Mitleid verfolgt er die Christen in Damaskus. Er ist außer sich. Da geschieht etwas. Urplötzlich. In Damaskus. Mit Paulus: Er sieht Jesus, Jesus Christus, den er verfolgt. Ein Licht strahlt auf. Paulus erkennt. Er begreift: »Du bist von Gott, Jesus. Du bist der Herr. Du allein.«

Paulus ist außer sich. Er weiß plötzlich: »Nicht ich habe recht. Die Christen haben recht. Das Gesetz gilt gar nichts.« Urplötzlich ist es über ihn gekommen. Paulus ist wie verwandelt danach, ein ganz neuer Mensch. – Später schreibt er:

2 KOR 4,6 / GAL 1,16

»Ich habe Jesus gesehen. Aus der Finsternis strahlte das Licht. Es strahlte auf im Angesicht von Jesus Christus. Es strahlte auf in meinem Herzen. So wollte es Gott. Gott hat mich gerufen. Alles war Gottes Gnade. Ich bin nichts. Was ich bin, das bin ich durch Gott allein. Schon ehe ich geboren war, hatte Gott mich gerufen. Nur – ich wusste es nicht.«

Paulus auf dem Weg für Christus

Paulus ist nicht mehr Feind der Christen. Jetzt ist er ihr Freund. Jetzt ist er selbst ein Christ. Jetzt weiß er, was er tun muss: Ich muss zu denen gehen, die noch nichts von Jesus gehört haben.

GAL 1,17

Paulus geht nach Arabien, in das Land jenseits vom Jordan und vom Toten Meer, in das Reich der Nabatäer. König Aretas regiert hier. Und hier sagt Paulus die gute Nachricht von Jesus weiter, die frohe Botschaft, das Evangelium.

Die Nabatäer sollen es hören. Sie sollen es sehen, verstehen, dass Jesus von Gott gekommen ist, dass er der Retter ist.

Paulus predigt den Beduinen in der Wüste in ihren Zelten. Er predigt den Bewohnern der Städte in ihren Häusern. Er predigt auf den Straßen.

Aber die Nabatäer hören nicht auf ihn. Sie verstehen nichts. Im Gegenteil: Sie werden zornig auf ihn. Sie verfolgen ihn. Paulus muss fliehen. Er kommt zurück nach Damaskus. Aber auch dort ist er nicht mehr sicher. – Später hat Paulus geschrieben:

2 KOR 11,32

»In Damaskus war es, da hielt der Statthalter des Königs Aretas die Stadttore unter Bewachung, um mich zu fassen. Aber man hat mich in einem Korb durch eine Maueröffnung hinab gelassen. So entkam ich den Händen des Aretas.«

Alles hat sich geändert: Der, der die Christen verfolgte, der wird jetzt selbst verfolgt.

In Jersualem

GAL 1,18–19

Paulus ist der Gefahr entkommen. Und jetzt geht er nach Jerusalem. Jetzt will er Petrus sehen, den Freund Jesu, der immer mit Jesus zusammen gewesen ist. Jetzt will er alles von Jesus wissen.

Und Petrus erzählt es ihm. Sie sprechen über alles. Endlich kann Paulus es hören, wie Jesus lebte, wie er predigte, wie er den Menschen half, wie er starb. Zwei Wochen lang bleibt Paulus bei Petrus. Und Paulus lernt auch Jakobus kennen, den Bruder von Jesus, den Leiter der Gemeinde in Jerusalem. Paulus spricht mit Jakobus. Sie reden vom Gesetz, aber noch mehr von Jesus.

In Tarsus

GAL 1,22–24

Und Paulus kommt wieder nach Tarsus, in seine Heimatstadt. Überall dort predigt er jetzt von Jesus, so dass viele zum Glauben kommen, so dass die Christen in Jerusalem davon hören.

Da freuen sie sich. Da loben sie Gott: »Paulus, der Pharisäer, der Eiferer für das Gesetz, der verkündigt jetzt das Evangelium, die frohe Botschaft! Dank sei dir, Herr!«

Vierzehn Jahre lang predigt Paulus in Tarsus und überall dort in der Gegend, da kommt Barnabas aus Antiochia in Syrien, der drittgrößten Stadt im römischen Weltreich, Barnabas, ein Judenchrist. Er ist erfüllt vom Geiste Gottes: »Alle haben von dir gehört«, sagt er zu Paulus. »Sie wollen dich sehen. Willst du zu uns kommen?«

In Antiochia

Und Paulus kommt. Ein Jahr lang arbeitet er mit Barnabas in Antiochia zusammen. Sie erzählen von Jesus. Bei den Juden und bei den Griechen. Und die Christen in Antiochia freuen sich.

Und Paulus predigt in den Synagogen. Er liest aus den alten Schriftrollen der Juden. Aber er erklärt sie jetzt anders als früher. Die Menschen verstehen ihn: Vieles in den alten Schriften ist wie ein Wegweiser: Es zeigt hin auf Jesus. Wer an Jesus glaubt, der erkennt Gott richtig. Der kann voller Hoffnung auf Gott schauen – wie damals Abraham. Der kann stark sein im Glauben – wie Abraham. [Nr. 7.50]

Die Konferenz in Jerusalem

GAL 2,6–10

Als es in Antiochia Streit gibt, geht Paulus mit Barnabas nach Jerusalem und hält dort mit Petrus, Johannes und Jakobus eine Konferenz ab. Es geht um die Beschneidung. Ob ein Grieche sich nach jüdischer Art erst beschneiden lassen muss, bevor er ein Christ werden kann. Paulus sagt: »Nein, muss er nicht.«

Lange redet er mit Petrus, Johannes und Jakobus darüber. Sie haben ihre Bedenken. Aber am Ende reichen sie sich die Hand. Sie beschließen gemeinsam, dass Petrus zu den Juden gehen soll und Paulus zu den Griechen. Die drei haben noch eine Bitte an Paulus: »Wohin du auch kommst, sammle Geld in den Gemeinden, Geld für die Armen in Jerusalem.« Paulus verspricht es.

GAL 2,11–21

Dann ist er mit Barnabas wieder in Antiochia. Petrus kommt. Und wieder gibt es Streit um die Beschneidung. Ob das jüdische Gesetz nun auch für nichtjüdische Christen gilt oder nicht. Petrus hält sich nicht an die Abmachungen. Da trennt sich Paulus von ihm. Barnabas aber entscheidet sich für Petrus.

Allein weiter

KARTE DES MITTELMEERRAUMS / [Nr. 7.51]

Aber Paulus verliert den Mut nicht. Allein macht er sich wieder auf, weit in die Länder, quer durch Kleinasien, viele hundert Kilometer weit. Immer in Gefahr, in Kälte und Hitze, in Hunger und Durst, in Schwachheit und Krankheit und Angst. Immer zu Fuß durch wildes Gebirge, über reißende Flüsse, auf unwegsamen Pfaden, aber auch auf den großen Straßen der Römer.

APG 16,1–2

Paulus findet einen neuen Freund: Timotheus, einen griechischen Christen. Paulus kommt zu den Galatern. Von Ort zu Ort zieht er in Galatien, überall predigend, immer unterwegs für Jesus. Und wieder gelingt es ihm, Menschen zu begeistern, dass sie an Gott glauben und an Jesus. Die einen nehmen ihn auf wie einen Engel Gottes. Andere aber verfolgen und misshandeln ihn.

Paulus ist krank. Aber er achtet nicht auf seine Krankheit. Er zieht weiter nach Westen. Er kommt zur Küste, nach Troas ans Ägäische Meer. Jenseits des Meeres liegt Mazedonien, dort liegt Griechenland, Europa.

In Griechenland: Philippi

Paulus will nach Europa. Er nimmt ein Schiff nach Mazedonien. Er kommt nach Griechenland. Er kommt in die Stadt Philippi. Wieder ist ein neuer Freund bei ihm: Silvanus, Jude, Christ und römischer Bürger wie Paulus selbst. Paulus predigt in Philippi.

RÖ 1,9–15

Aber er will weiter. Er hat einen großen Plan: In die Hauptstadt des Reiches! Nach Rom! Dort den Christen predigen! Das möchte er. Christen gibt es bereits in Rom. Das weiß Paulus.

RÖ 15,24

Und Paulus will noch weiter. Er will nach Spanien – bis ans Ende des römischen Reiches. Und überall sollen die Menschen von Jesus hören. Alle Länder des Weltreiches, alle Länder um das Mittelmeer, sollen zu Jesus gehören. Das ist sein Plan.

APG 16,11–15

In Philippi tauft Paulus Lydia. Lukas hat später davon erzählt.

Philippi ist eine römische Stadt. Römische Soldaten, die nicht mehr kämpfen können, leben hier. Der römische Kaiser gilt viel in Philippi. Römische Prätoren sind die Richter der Stadt. Vor hundert Jahren gab es eine große Schlacht bei Philippi. Oktavian, der später Augustus hieß, besiegte hier die Mörder Caesars.

Juden gibt es nur wenige in Philippi. Sie haben keine Synagoge, nur eine Gebetsstätte. Am Sabbat gehen Paulus und Silvanus hinaus vor die Stadt. Sie kommen zum Fluss Gangites.

Sie suchen die Gebetsstätte der Juden. Sie setzen sich ans Flussufer. Da kommen Frauen aus der Stadt. Lydia ist dabei, die Griechin, die Purpurhändlerin, die teure Purpurwolle und kostbare Purpurstoffe verkauft, Lydia, die an den einen Gott glaubt, nicht an viele Götter.

Und es geschieht, als Lydia hört, wie Paulus und Silvanus von Jesus erzählen, da glaubt sie an Jesus Christus. Und sie lässt sich taufen. Paulus taucht sie unter im Fluss Gangites: »Ich taufe dich Lydia, im Namen Jesu!«

Lydia ist die erste Christin in Europa. Und sie sagt zu Paulus und Silvanus: »Kommt in mein Haus!« Paulus und Silvanus kommen. Sie bleiben in Lydias Haus. Sie taufen die ganze Familie.

Und viele andere aus Philippi kommen dazu. Sie wollen auch zu Jesus gehören. Sie sind freundlich zueinander. Sie halten zusammen. Sie beten. Sie essen miteinander. Sie denken an Jesus. Sie sind eine Gemeinschaft, eine Gemeinde. Einer hilft dem anderen. Und Paulus hat sie alle lieb.

Die Römer von Philippi aber beschuldigen Paulus: »Du verbreitest hier einen falschen Glauben. Du führst hier fremde Sitten ein. Das können wir nicht dulden!«

Paulus kommt vor die Prätoren. Er wird verurteilt. Er wird eingekerkert. Er wird ausgepeitscht. Dann wird er ausgewiesen: »Du musst die Stadt verlassen!«

Paulus und Silvanus tun, wie ihnen befohlen wird. Sie verlassen die Stadt. Sie wissen: Es gibt jetzt viele Christen in Philippi. Sogar ein Gefängniswärter ist Christ geworden. Darüber sind sie glücklich.

In Griechenland: Thessalonich

APG 17,1–10

Auf der großen Überlandstraße der Römer, auf der Via Egnatia, kommen Paulus und Silvanus nach Thessalonich am Meer, in die Hafenstadt, die Hauptstadt von Mazedonien. Hier gibt es Tempel der Heiden – wie anderswo. Hier gibt es Gottesdienste der Heiden – wie anderswo. Hier gibt es viele Juden. Hier gibt es eine Synagoge. Und Paulus predigt in der Synagoge.

Lukas hat davon erzählt.

Juden und Griechen hören Paulus zu. »Nur Mut«, sagt Paulus. »Nur zu! Gott kommt zu euch! Der Messias kommt! Er heißt Jesus! Er ist der Christus, gesalbter König von Gott! Am Kreuz ist er gestorben. Aber bei uns lebt er. Wir glauben an ihn. Wir denken an ihn. Wir reden von ihm. Wir taufen in seinem Namen!«

Viele Griechen in Thessalonich sind voller Neugier. Sie hören. Sie sehen. Sie verstehen, was Paulus sagt. Sie glauben. Sie nehmen die Botschaft von Jesus an. Sie lassen sich taufen. Sie wollen den Göttern nicht mehr opfern.

Viele Juden in Thessalonich aber hören nichts. Sie sehen nichts. Sie verstehen nichts. Tag und Nacht arbeitet Paulus als Zeltmacher. Er will sein Geld selbst verdienen. Niemandem will er zur Last fallen. Er wohnt bei Jason.

Die Christen aus Philippi schicken ihm Geld. Sie wollen Paulus helfen. Sie haben ihn gern. Paulus denkt an die Armen in Jerusalem. Die Juden in Thessalonich aber sind Paulus feindlich gesinnt. Sie holen sich ein paar üble Burschen von den Straßen. Mit denen ziehen sie vor das Haus des

Jason: »Heraus mit dir, Paulus!« schreien sie. »Heraus mit dir, Silvanus!« Paulus und Sivanus aber sind nicht da.

Da bringen sie Jason vor das römische Gericht von Thessalonich. Sie klagen ihn an: »Dieser Mann nimmt Leute auf, die gegen den Kaiser hetzen, die gegen euch Römer sind, die sagen, ein gewisser Jesus sei König!« Jason wird festgesetzt. – Später kommt er wieder frei.

Paulus und Sivanus aber verlassen diese Stadt. Bei Nacht! Doch sie wissen: Auch hier gibt es jetzt Christen. Es gibt jetzt die Gemeinde in Thessalonich.

In Griechenland: Athen

APG 17,15–32

Paulus und Silvanus kommen nach Athen, in die alte Hauptstadt von ganz Griechenland, in die Stadt der Philosophen und der Götter. Überall kluge Leute! Überall Götterbilder!

Aber Paulus hat keinen Erfolg mit seiner Predigt. Die Athener verstehen die Botschaft von Jesus Christus nicht. Sie verspotten Paulus. Lukas hat davon erzählt. Paulus zieht weiter nach Korinth.

In Griechenland: Korinth

Korinth ist die Hauptstadt der griechischen Provinz Achaja. Ein römischer Prokonsul regiert hier, Gallio, ein kluger Mann, der Bruder des Philosophen Seneca.

Korinth liegt an einer Landenge. Auf beiden Seiten ist Meer: Im Westen das Adriatische Meer, im Osten das Ägäische Meer. Korinth hat einen Hafen mit Schiffen aus aller Herren Länder und einen riesigen Marktplatz mit Ladenstraßen, Säulenhallen und vielen Göttertempeln.

Es gibt prächtige Häuser in Korinth, Mosaikfußböden, Wandmalereien überall. Es gibt Theater und römische Bäder mit heißem und kaltem Wasser für jedermann. Es gibt den Tempel des Apoll am Marktplatz und auf dem Berg hoch über der Stadt den Tempel mit dem berühmten Altar der Aphrodite.

Aber es gibt auch Elendsviertel in Korinth, Vorstädte mit schmutzigen Straßen, Elendswohnungen und armes, zerlumptes Volk. Paulus predigt in der Synagoge von Korinth:

»Wer in der Welt gar nichts hat, gerade den hat Gott lieb. Wer im Elend ist, den hat Gott sich ausgesucht zum Freund!«

Paulus erzählt von Jesus, der in Galiläa zu den Ausgestoßenen kam, zu den Unreinen, zu den Armen und Elenden. »Dieser Jesus«, so predigt Paulus den Armen von Korinth, »dieser Jesus ist euer Retter!«

Viele können diese Predigt nicht verstehen, viele Griechen, viele Juden. »Mag es viele sogenannte Götter und viele Herren geben«, sagt Paulus, »für uns gibt es jedenfalls nur den einen Gott, den Vater. Von ihm kommt alles. Für uns gibt es nur den einen Herrn, Jesus Christus. Durch ihn leben wir.«

Haft und Verhör

APG 18,12–16

Einflussreiche Juden in Korinth verfolgen Paulus. Sie lassen ihn verhaften. Sie bringen ihn vor das Gericht der Römer, vor den Prokonsul Gallio. Sie klagen ihn an: »Dieser Mann will, dass unser Gesetz nicht mehr gelten soll. Dieser Mann ist gegen Gott! Verurteile ihn, Gallio! Er ist ein Staatsfeind. Er verführt die Menschen. Er ist gegen das Gesetz!«

Gallio ist ein kluger Mann: »Was schreit ihr so, ihr Juden? Was heißt hier Gesetz? Meint ihr das Gesetz des Kaisers oder euer Gesetz?«

Gallio spricht: »Euer Gesetz ist nicht Kaisergesetz! Ich sehe keine Untat! Wozu soll ich diesen Mann bestrafen? Was geht es mich an, wenn ihr euch streitet um euer Gesetz. Dieser Mann ist ohne Schuld!« Der römische Prokonsul Gallio spricht Paulus frei. Paulus kann wieder predigen. So hat es Lukas erzählt, dreißig Jahre später.

ES ENTSTEHT DER BRIEF AN DIE THESSALONICHER (S. S. 116)

Eineinhalb Jahre bleibt Paulus in Korinth. Dann verlässt er die Stadt. Drei Christengemeinden gibt es jetzt in Griechenland: Philippi, Thessalonich und Korinth.

In Ephesus

Unendlich groß ist die Welt. Unendlich viele Götter werden angebetet. Aber jetzt gibt es die Christen, wenige noch, aber es gibt sie. Sie beten zu dem einen Gott. Sie beten zu Jesus Christus. Paulus ist erfüllt von Freude. Er ist voller Mut.

Paulus landet in Ephesus, der großen, reichen und schönen Stadt. Er predigt hier. Bald reist er weiter zu den Gemeinden in Galatien, dann bis Antiochien, dann wieder zurück nach Ephesus.

Ephesus ist die Stadt der uralten Bienengöttin, der Muttergöttin, die jetzt Artemis heißt. Riesig ist ihr Standbild, mit einem mehrfachen Kranz von großen Bieneneiern geschmückt. Mächtig und strahlend ist der Tempel der Artemis. »Ein Wunder«, sagen die Epheser. [Nr. 7.52]

»Das siebte Weltwunder«, sagen viele. So groß, so herrlich ist dieser Tempel. Von überall her strömen Menschen zusammen, um Artemis anzubeten, um dem Standbild der Göttin zu opfern. Reiseandenken kann man kaufen, kleine Artemistempelchen aus Silber.

»Betet zu Gott! Er allein ist der Herr!« So predigt Paulus in Ephesus: »Wir Christen halten nichts von Artemis, nichts von ihrem Tempel, nichts von ihren Priestern! Betet zu Gott! Jesus allein ist euer Herr!«

Paulus hat keine Angst. Und es ist, als ob eine Tür sich auftut in Ephesus. Viele Menschen kehren sich ab von Artemis. Sie werden Christen: Andronikus und Junias, Urbanus und Rufus, Persis und Julia, Epainetos, Onesiphoros und viele, viele andere.

Alle sind voller Mut. Sie wollen der Göttin nicht mehr dienen. Sie versammeln sich im Haus von Aquila und Prisca, die auch aus Korinth gekommen sind. Auch Timotheus und Titus sind hier. Alle halten zu Paulus. Und Paulus hat sie lieb.

Und was Paulus predigt, das geht weit aus in das Land von Ephesus und in die Nachbarstädte.

Aber es gibt auch Feinde in Ephesus. So viele Leute haben verdient an den kleinen Silber-Tempelchen. Sie verdienen jetzt nicht mehr so viel.

Schlechte Nachrichten aus Korinth

Es kommen Nachrichten aus Korinth nach Ephesus, keine guten Nachrichten: Manche tun, was sie wollen, in der Gemeinde dort. Sie sagen: »Christus hat uns doch frei gemacht!«

Parteien haben sich gebildet. Die einen sagen: »Wir gehören zu Petrus!« Andere sagen: »Wir gehören zu Paulus! Andere: »Wir gehören zu Christus!« Wieder andere: »Wir zu Apollos!« Apollos ist ein Judenchrist aus Alexandria in Afrika, voller Begeisterung für Christus.

ES ENTSTEHT DER ERSTE KORINTHERBRIEF (S. S. 117)

Paulus ist besorgt. Er schreibt nach Korinth, dann reist er selbst nach Korinth. Er wird nicht gut aufgenommen. Feindselig sind die Brüder. Sie wollen ihn nicht anhören. Sie machen ihm Vorwürfe: »Du bist schwach! Andere predigen besser als du. Ja, du predigst falsch!« Einer sagt: »Bist du denn überhaupt ein Gesandter von Christus, ein Apostel? Und das Geld, das du überall sammeln lässt, was machst du damit?«

Das ist zu viel: Kein Bote Jesu. Dazu die Beschuldigung mit dem Geld. das ist zu viel. Paulus kann nicht mehr bleiben. Er kommt zurück nach Ephesus. Und wieder schreibt er nach Korinth, diesmal mit Schmerzen, unter Tränen.

ES ENTSTEHT DER ZWEITE KORINTHERBRIEF (S. S. 118)

Auch aus Galatien kommt schlechte Nachricht. Es gibt Unruhe in den Gemeinden dort. Falsche Prediger haben von den Galatern verlangt, dass sie sich beschneiden lassen sollen. Paulus ist zornig. Er schreibt einen ernsten Brief an die Galater. Er beschwört sie, den falschen Predigern nicht zu glauben.

ES ENTSTEHT DER GALATERBRIEF (S. S. 119)

Gefangen in Ephesus

Überall Sorgen. Überall Schwierigkeiten. Und auch die Feinde in Ephesus werden stark gegen Paulus. Er wird verhaftet. Man bringt ihn in das Prätorium, in den Palast des römischen Statthalters. Paulus wird eingekerkert. Man kann ihn zum Tode verurteilen. Dann muss er mit wilden Tieren kämpfen in der Arena von Ephesus. Mit Löwen und Panthern. Mit bloßen Händen. Zur Belustigung der Zuschauer. Und die Tiere zerreißen ihn.

Paulus verliert den Mut nicht. Und die Bewacher im Prätorium merken es bald: Dieser Mann ist kein Verbrecher. Und es wird gestattet, dass Paulus seine Freunde sehen kann.

Paulus erhält Briefe im Gefängnis von Ephesus. Und er schreibt Briefe. Die Freunde aus Philippi senden ihm Geld ins Gefängnis. Paulus antwortet ihnen. Er dankt ihnen für ihre Liebe.

ES ENTSTEHT DER PHILIPPERBRIEF (S. S.120)

Paulus kommt frei aus dem Gefängnis in Ephesus. Es geschieht: Er wird nicht zum Tode verurteilt. Er wird freigesprochen. Er ist gerettet. Er ist glücklich.

Versöhnung mit den Korinthern

Paulus verlässt Ephesus. Noch einmal reist er nach Mazedonien. Und hier trifft er Titus, der aus Korinth kommt. Titus bringt gute Nachricht: »Es ist wie ein Wunder, Paulus, dein letzter Brief hat Wunder gewirkt: Die Korinther haben ihr Unrecht erkannt. Den, der dich beleidigte, den haben sie bestraft. Die Falschbrüder sind vertrieben! Die Korinther sind nicht mehr gegen dich, Paulus, sie sind wieder für dich!«

Paulus ist glücklich. Und schon wieder schreibt er nach Korinth: »Ich bin so froh, ihr Korinther. Jetzt kann ich mich ganz auf euch verlassen. Ihr habt euch geändert. Den Schuldigen habt ihr bestraft. Aber straft ihn nicht länger! Begegnet ihm mit Liebe. Ich habe ihm verziehen. – Paulus«

Und Paulus kommt noch einmal nach Korinth. Er bleibt bei den Brüdern. Und wieder denkt er an Rom: Ich muss zu allen Völkern.

ES ENTSTEHT DER RÖMERBRIEF (S. S. 121)

Und dann schreibt Paulus seinen größten Brief, einen Brief darüber, wie man bestehen kann vor Gott. Man muss Gott nur vertrauen, sich auf seine Gnade verlassen, dann ist alles gut. »Ganz neu ist mein Leben, seit ich das weiß«, schreibt Paulus. »Ganz getröstet bin ich. Ja, ich bin Gottes Kind. Und darum kann ich auch das Gute tun.«

Gefangen in Jerusalem

Paulus reist nach Jerusalem. Redlich hat er sich abgemüht für das Geld. Alle haben geholfen. Viele Christen in Griechenland und in Kleinasien haben gegeben, viele über ihr Vermögen hinaus.

Aber werden die Christen in Jerusalem das Geld annehmen? Werden sie nicht sagen, es sei Heidengeld von ehemaligen Heiden? Sie müssen es annehmen. Paulus betet darum. Wenn sie es nehmen, dann sieht man, dass alle zusammen gehören, Griechenchristen und Judenchristen. Das ist ein Zeichen.

Paulus reist nach Jerusalem. Freunde haben ihn gewarnt: »Gehe nicht! Deine Feinde wollen dich töten!« Paulus reist auf einem anderen Weg.

Angst hat er nicht. Und er kommt zu den Christen in Jerusalem. Er überbringt das Geld. Sie nehmen es an. Paulus ist glücklich.

APG 21,17–40; 22,22

Jakobus aber sagt zu ihm: »Gehe in den Tempel! Zeige dich dort! Zeige, dass du ein Jude bist, der nach dem Gesetz lebt!« Schon an die Korinther hatte Paulus geschrieben: »Wenn ich bei den Juden bin, lebe ich wie sie. Wenn ich bei den Griechen bin, lebe ich wie sie. Ich bin den Juden ein Jude, den Griechen ein Grieche. Es geht doch nur darum, dass ich alle für Christus gewinne.«

Paulus geht in den Tempel. Er zeigt, dass er nach dem Gesetz leben kann. Sieben Tage ist er dort, da erkennen ihn Juden aus Kleinasien. Sofort schreien sie los: »Das ist Paulus! Männer! Israeliten! Zur Hilfe!« Sie legen Hand an Paulus. Sie schleppen ihn fort: »Der lehrt falsch! Der lästert! Der hetzt gegen das Volk! Der hat einen Griechen in den Tempel gebracht!«

Sie schreien. Sie machen einen Tumult. Sie schlagen Paulus. Sie wollen ihn töten. Da kommen die Römer. Sie haben Meldung erhalten. Der Tribun kommt, der Befehlshaber der Kohorte, Offiziere und Soldaten mit ihm. Sie kommen aus der Burg Antonia beim Tempel.

Sie schreiten ein. Sie verhaften Paulus. Sie legen ihn in Ketten. »Wer ist dieser Mann? Was hat er getan?«, fragt der Tribun: »Bringt ihn in die Burg!« Paulus wird fortgetragen. »Weg mit ihm!« schreien die Juden wieder los. »Weg mit ihm!« Sie schwenken ihre Mäntel vor Zorn.

In Caesarea

APG 22,24–29; 23,23; 24,1–22

»Peitscht diesen Mann aus!«, befiehlt der Tribun. Aber da wird ihm gemeldet, dass Paulus ein Römer ist. Ein römischer Bürger darf nicht gegeißelt werden. Da lässt der Tribun Paulus fortbringen, fort aus Jerusalem nach Caesarea am Meer.

In Caesarea am Meer hat Felix, römischer Statthalter von Palästina, seinen Amtssitz. Felix hält Gericht über Paulus. Juden aus Jerusalem klagen Paulus an: »Der Mann ist ein Volksverführer! Ein Aufrührer! Er hetzt gegen den Tempel, gegen das Gesetz! Der Mann ist schlimmer als die Pest!«

Paulus sagt: »Nein! Das ist nicht wahr. Ich bin unschuldig. Ich habe nichts verbrochen. Nichts gegen den Tempel! Nichts gegen das Gesetz! Nur zehn Tage war ich in Jerusalem. Ich habe keinen Tumult gemacht. Ich glaube an den Gott der Juden. Eins allerdings ist wahr: Ich glaube auch an Jesus Christus!«

Der Statthalter Felix spricht kein Urteil. Er findet keinen Grund. Aber er möchte Geld für die Freilassung von Paulus. Paulus hat kein Geld. Die Brüder lassen ihn im Stich. »Gott möge es ihnen nicht anrechnen«, schreibt Paulus nach Ephesus.

APG 25,1–12

Zwei Jahre lang bleibt Paulus in Haft in Caesarea. Dann wird Festus Statthalter. Die Feinde des Paulus bestürmen ihn sofort: »Bringe Paulus nach Jerusalem! Halte dort Gericht!« Festus sagt: »Er muss in Caesarea bleiben!«

Wieder kommt es zur Verhandlung. Die Feinde des Paulus fordern die Todesstrafe. Aber sie können nichts beweisen. Paulus sagt: »Ich habe kein Gesetz übertreten, auch kein Kaisergesetz!«

Festus sagt: »Willst du nicht nach Jerusalem vor Gericht kommen?« Paulus sagt: »Ich rufe den Kaiser an. Ich bin ein Römer!« »Gut«, sagt Festus, »dann kommst du vor den Kaiser, vor Nero! Du kommst nach Rom vor das Kaisergericht!«

Sie bringen Paulus auf ein Schiff. Andere Gefangene sind dabei. Die Fahrt geht übers Mittelmeer nach Italien. Das Schiff gerät in Seenot: Ein Sturm kommt auf, ein Wind, ein wilder Orkan. Das Schiff ist in höchster Gefahr. Aber alle werden gerettet. Lukas hat davon erzählt. [Nr. 7.53]

Das Ende in Rom

APG 28,14–30

Paulus kommt nach Rom – nicht in Freiheit, nicht mit Freuden. Er wird bewacht. Er ist ein Gefangener in Ketten. Paulus wartet auf sein Urteil. Viele Brüder aus Rom besuchen ihn. Er predigt ihnen von Christus. Sie beten zusammen.

Zwei Jahre lang wartet Paulus. Dann ist es so weit. Er steht vor dem Kaisergericht. Das Urteil wird gesprochen. Es lautet auf Tod.

Paulus stirbt für Jesus. Etwa sechzig Jahre ist er alt. Dreißig Jahre sind es her, dass Jesus gestorben ist. Fünfundzwanzig Jahre lang hat Paulus von Jesus gepredigt. Die Botschaft kam in die Welt.

Paulus stirbt durch das Schwert. So erzählt man später. Mehr wissen wir nicht von seinem Tod.

b. Die Briefe des Paulus als ältestes Zeugnis des Christentums

Was wir tun können

- Die Paulusbriefe in Auswahl lesen und sie in den Zusammenhang der Paulusgeschichte einordnen.
- Den Inhalt einzelner Briefe im Hinblick auf die Christusbotschaft des Paulus diskutieren und auf die eigene Gegenwart beziehen.
- Collagen zur Paulusgeschichte erstellen.
- »Was denke ich von Paulus?« – Eine Stellungnahme zum Völkermissionar Paulus und seinen wichtigsten Anliegen schreiben.

Der älteste Brief

Zwanzig Jahre sind es her, dass Jesus am Kreuz starb. Da wird ein Brief geschrieben. Er kommt aus Korinth. Er geht nach Thessalonich. Paulus hat ihn diktiert. Ein Freund hat ihn aufgeschrieben auf Papyrusblätter. Es ist der älteste Brief des Paulus, den wir kennen. Noch heute können wir ihn lesen – im Neuen Testament:

Ihr Thessalonicher! Gnade und Frieden mit euch! Alle sprechen davon, wie ihr zu Gott gekommen seid von den Göttern. Ihr habt die Botschaft mit Freuden aufgenommen. Ihr hofft auf Jesus Christus. Durch keinen Feind habt ihr euch schrecken lassen.

Ihr wurdet verfolgt von euren eigenen Landsleuten, wie die Christen in Judäa. Ihr musstet leiden. Aber ihr habt gesiegt. Ich bin stolz auf euch. Ihr seid zum Vorbild geworden für alle Christen in Mazedonien und Achaja.

Ihr Thessalonicher! Timotheus hat euch getröstet. Er hat mir gute Nachricht von euch gebracht, von eurem Glauben, von eurer Liebe. Ihr seid mein Siegespreis. Ich freue mich. Gern würde ich euch besuchen. Aber noch geht es nicht.

Ihr Thessalonicher! Lebt so, dass ihr Gott gefallt! Seid gut zu euren Frauen! Haltet Frieden untereinander! Nehmt eurem Bruder nichts weg! Helft den Schwachen! Habt Geduld mit allen!

Haltet euch fern von dem Schlechten! Prüft alles! Was gut ist, das sollt ihr behalten! Seid immer fröhlich! Betet zu allen Zeiten! Betet auch für uns!

Ihr Thessalonicher! Denkt an die Toten! Wer im Glauben an Jesus gestorben ist, den wird Gott auch mit Jesus zum Leben bringen. Wir können zusammen mit Jesus leben! Seid wach! Seid bereit! Der Tag des Herrn kommt! Grüßt alle Brüder! Umarmt sie! Lest allen diesen Brief vor! Die Gnade des Herrn sei mit euch! Paulus

Zwei Briefe an die Christen in Korinth

Es kommen Nachrichten aus Korinth zu Paulus nach Ephesus, keine guten Nachrichten: Manche tun, was sie wollen, in der Gemeinde dort. Sie sagen: »Christus hat uns doch frei gemacht!« Parteien haben sich gebildet. Die einen sagen: »Wir gehören zu Petrus!« Andere sagen: »Wir gehören zu Paulus! Andere: »Wir gehören zu Christus!« Wieder andere: »Wir zu Apollos!« Apollos ist ein Judenchrist aus Alexandria in Afrika, voller Begeisterung für Christus. Paulus aber ist voller Sorge über diese Nachrichten. Er diktiert einen Brief:

Ihr Christen in Korinth! Was spaltet ihr euch? Gehören wir nicht alle zu Christus? Gehört nicht Christus zu Gott? Ist Christus etwa in Teile zerspalten? Wollen wir nicht alle dasselbe? Sind wir nicht wie die verschiedenen Glieder an einem Körper? Hat nicht jeder von uns seine Aufgabe? Ich pflanze. Apollos begießt. Gott aber lässt es wachsen. Ist es nicht so?

Ihr Korinther! Haltet fest am Glauben! Es kann nicht jeder tun, was er will! Was ihr tut, das tut mit Liebe. Wer Liebe hat, der ist gut, geduldig, freundlich, der ist ohne Lüge, ohne Neid, ohne Eifersucht. Die Liebe macht uns stark. Niemals hört sie auf. Das habe ich selbst erfahren. Seid einig, ihr Korinther! Seid wachsam! Betrügt euch nicht selbst!

Ich sende euch Timotheus. Nehmt ihn freundlich auf! Tut alles für ihn: Er ist mein Freund. Er arbeitet für Gott! Haltet euch an Stephanas! Alles, was ihr tut, das tut mit Liebe! – Grüße an alle von Paulus.

Dann aber kommt Paulus selbst nach Korinth. Feindselig sind die Brüder. Sie wollen ihn nicht anhören. Sie machen ihm Vorwürfe. Paulus kann nicht mehr bleiben. Er kommt zurück nach Ephesus. Und wieder schreibt er nach Korinth, diesmal unter Tränen:

Ich soll kein wahrer Bote von Christus sein, ihr Korinther? Bin ich denn ein Narr? Bin ich denn verrückt, dass ich immer wieder von Christus predige, dass ich mich bald umbringe für ihn?

Aber die bei euch, diese Heimtücker, diese Heuchler, diese eingebildeten Großtuer, die sind die wahren Boten, nicht wahr? Bei Gott, sie können sich gut verstellen. Kaum der Teufel kann es besser. Aber ich sage euch, ihr Korinther, sie legen euch herein. Sie verachten euch. Sie predigen euch einen falschen Christus. Das habt ihr von mir nicht gehört, was die da euch predigen. Ich sage euch, die werden erhalten, was ihre Taten wert sind.

Diese Leute prahlen, ihr Korinther? Bei Gott, prahlen kann ich auch: Sie sind Juden? – Ich bin auch ein Jude! Sie sind Boten von Christus? – Ich bin es viel mehr. Sie arbeiten für Christus? – Ich arbeite viel mehr. Und viel mehr halte ich aus: Ich war öfter im Gefängnis. Ich bin mehr ausgepeitscht worden. Ich habe die »vierzig weniger einen« fünfmal bekommen. Dreimal peitschten mich die Römer aus. Ich war in Todesgefahr.

Einmal wurde ich gesteinigt. Dreimal hatte ich Schiffbruch. Einmal schwamm ich vierundzwanzig Stunden über dem Abgrund des Meeres. Räuber haben mich bedroht, Juden und Nichtjuden. Überall Gefahr: In den Städten, in der Wüste, auf hoher See, bei falschen Brüdern.

Wie oft konnte ich nicht schlafen! Wie oft hatte ich Hunger und Durst! Wie oft habe ich gefroren! Und dann die Sorgen um die Gemeinden, wie oft drücken sie mich! Tag für Tag! Alles für Christus!

Ich bin kein Apostel, ihr Korinther? Kein Bote? Wollt ihr das wirklich sagen? Habe ich Christus nicht gesehen? Gehöre ich nicht zu ihm? Bin ich nicht stark durch Christus? Als er am Kreuz starb, war er schwach. Aber durch Gottes Macht lebt er. Und ich werde mit ihm leben und stark sein!

Lüge ich, ihr Korinther? Nein! Gott weiß es. Prahle ich? Nein! Ich könnte prahlen.Ich will es nicht. Ich bin nichts. Aber Gott ist mit mir.

Und darum bin ich immer noch mehr als die falschen Brüder bei euch. Wollt ihr es euch denn gefallen lassen, ihr Korinther, dass die euch belügen und betrügen?

Und dann das mit dem Geld: Ihr wisst doch genau, dass Titus für die Brüder in Jerusalem und Judäa sammelt. Warum also beschuldigt ihr mich? Ich habe euch nicht um Geld betrogen. Ich habe nie Geld von euch genommen. Auch nicht für meinen Unterhalt. Andere gaben mir Geld dafür. Ihr nicht. Warum also lasst ihr es zu, dass ich beschuldigt werde?

Ich werde euch wieder besuchen, ihr Korinther. Aber dann werde ich streng mit euch sein. Bessert euch! Prüft, ob ihr im Glauben lebt! Ich bete, dass ihr wieder zurechtkommt. Titus bringt euch diesen Brief. Wenn ich verrückt bin, dann für Gott, für Christus. Gott gebe euch Gnade und Frieden. Lebt wohl. – Paulus

Der Brief an die Christen in Galatien

Und Paulus schreibt an die Galater von Ephesus aus. Auch in Galatien hat es Unruhe gegeben. Wieder ist es das Gesetz. Falschbrüder haben von den Galatern verlangt, dass sie sich beschneiden lassen sollen. Paulus hat Nachricht davon erhalten. Er schreibt:

Paulus, Bote, nicht durch Menschenmacht, sondern durch Christus und durch Gott: Gnade sei mit euch von Gott und von Jesus Christus. Amen.

Ihr Galater! So schön wart ihr vorangekommen im Glauben. Und nun das? Wer hat euch verhext? Welch ein Unsinn, dass ihr euch beschneiden lassen sollt, welch ein Unsinn mit dem Gesetz. Diese Einschleicher, diese Spitzel, die euch betrügen wollen mit dem Gesetz zur Beschneidung.

Traut ihnen nicht, ihr Galater! Das Gesetz ist außer Kraft gesetzt! Sie wollen euch nur verwirren. Lasst euch nicht irre machen! Eins allein ist wichtig: ein Mensch zu sein, der neu geworden ist durch Gott. Wichtig ist Christus allein! Mit Christus mache ich mich wichtig. Das zeigen die Wunden, die Narben an meinem Körper.

Meine lieben Kinder in Galatien, ich schreibe euch dies mit eigener Hand. Seht meine großen Buchstaben! Prahlt nicht mit dem Gesetz der Beschneidung. Wir sind frei vom Gesetz.

Der Glaube hat das Gesetz überwunden. Prahlt mit dem Kreuz von

Jesus Christus! Habt immer den gekreuzigten Herrn vor Augen! Habt keine Angst! Ihr gehört zu Gott. Amen. – Paulus

Der Brief an die Christen in Philippi

Paulus erhält Briefe im Gefängnis von Ephesus. Und er schreibt Briefe. Die Freunde aus Philippi senden ihm Geld ins Gefängnis. Paulus antwortet ihnen. Er dankt für ihre Liebe.

Ich grüße euch alle, ihr aus dem Volk Gottes in Philippi. Habt Dank für euer Geschenk. Jetzt habe ich mehr, als ich brauche. Schon damals, als ich in Griechenland war, habt ihr mir geholfen. Danke! Ich freue mich. Ich trage euch im Herzen.

Grüße für euch alle. Alle Brüder aus Ephesus grüßen euch, auch die Sklaven des Kaisers im Prätorium. Gott gebe euch Gnade. – Paulus

Noch ein Brief an die Philipper

Ich sehne mich nach euch, ihr Brüder in Philippi. Ihr seid immer treu gewesen. Ich denke an euch. Ich trage euch im Herzen, wenn ich jetzt vor Gericht komme, wenn ich jetzt bezeugen kann, dass ich zu Christus gehöre. Betet für mich, dass ich freikomme. Wenn nicht, dann sterbe ich für Christus. Der Tod kann mich nicht erschrecken. Ob ich lebe oder sterbe, ich bin bei Christus.

Viele hier im Prätorium wissen, dass ich ein Diener von Christus bin. Meine Freunde in Ephesus, Aquila und Prisca, Epainetos, Onesiphoros und alle anderen, haben keine Angst. Sie haben Vertrauen zum Herrn.

Seid freundlich zueinander, ihr Philipper! Vertragt euch. Haltet zusammen! Betet! Lasst euch nicht einschüchtern! Seid wie Christus! Er war bei Gott. Und er kommt von Gott. Aber er ist Mensch geworden wie wir. Er ist ein Sklave geworden, demütig, gehorsam, gehorsam bis zum Tod, bis zum Tod am Kreuz. Darum hat Gott ihn groß gemacht. Gott hat seinem Namen Macht gegeben. Gott will, dass alle es bekennen: Christus ist der Herr!

Ich wünsche euch Freude, ihr Philipper! Freut euch. Noch einmal: Freut euch! Der Herr wird kommen. Sorgt euch nicht. Friede soll mit euch sein, Friede von Gott – anders als Menschen es begreifen können. Freut euch! – Paulus

Von Korinth aus, wo sich Paulus mit der Gemeinde wieder versöhnt hat, schreibt er seinen größten Brief:

So oft wollte ich zu euch kommen, ihr Römer. Viele Jahre habe ich darauf gewartet. Jetzt ist meine Arbeit hier in Korinth beendet. Jetzt kann ich zu den Völkern im Westen kommen. Alle Völker sollen den Herrn loben.

So gern möchte ich nach Spanien reisen und euch, ihr Römer, auf der Durchreise besuchen und mich ein wenig ausruhen bei euch. Aber vorher muss ich nach Jerusalem. Ich habe es versprochen. Ich muss das Geld für die Armen überbringen. Die Gemeinden in Griechenland haben so viel gesammelt. Betet für mich, ihr Römer. Ich habe viele Feinde in Jerusalem. Betet für mich, dass ich gerettet werde. Dann will ich mit Freuden zu euch kommen.

Ihr Römer! Alle Menschen haben Gottes Zorn verdient: Heiden und Juden! Die Heiden sind voller Habsucht und Bosheit, voller Neid, Mord und Zank. Sie hassen Gott. Sie beten zu Bildern von Menschen, von Tieren, von Vögeln. Sie denken, sie seien weise, aber sie sind dumm. Gott ist zornig.

Die Juden aber wollen Gott vorrechnen, was sie getan haben. Mit der Beschneidung! Mit dem Gesetz! Ihr Römer! Das Gesetz ist nicht schlecht! Aber wer kann Gott damit etwas vorrechnen?

Ihr Römer! Juden und Heiden sind gleich vor Gott. Keiner ist gerecht – auch nicht einer. Aber Gott hat Erbarmen. Gott hat die Menschen lieb. Alle können gerettet werden. Wer den Glauben hat – wie damals Abraham –, wer sich ganz auf Gott verlässt, auf Christus, der kann gerettet werden. Dem rechnet Gott nichts vor. Und der braucht Gott nichts vorzurechnen.

Ihr Römer! Wenn Gott für uns ist in seiner Liebe, wer kann dann noch gegen uns sein? Was kann uns dann noch trennen von Gott? Angst? Angst vor dem Bösen? Angst vor feindlicher Gewalt? Angst vor dem Tod? Nein!

Wenn wir leben, leben wir für den Herrn. Wenn wir sterben, sterben wir für den Herrn. Wir gehören dem Herrn, ob wir leben oder sterben.

Ihr Römer! Gott gibt uns einen neuen Geist. Du und ich, wir sind Gottes Kinder. Du Heide, ich Jude, wir gehören zu Gott. Gott hat uns lieb. Das ist genug.

Ihr Römer! Wer zu Gott gehört, der wird etwas sehen. Ich wünsche euch, dass ihr es seht. Wir sind schwach. Aber Gottes Geist kommt uns zu Hilfe. Das ist wahr.– Paulus

Wie Paulus sich und seine Mission versteht [Nr. 7.54]

Bist du Jude? Bist du Grieche? Bist du Sklave? Bist du ein freier Mann? Bist du Frau? Bist du Christ? Bist du kein Christ? Nehmt einer den anderen an! In Christus seid ihr eins!

Ich Paulus, Sklave von Jesus Christus, ich bin gelaufen. Ich habe gekämpft. Ich habe mich abgemüht. Ich habe gelitten. Alles für Jesus Christus. Alles für den unvergänglichen Siegespreis. Vorwärtskommen musste ich, damit ihr es glaubt, damit alle es glauben, alle Völker der Welt: Christus ist der Herr!

Ich, Paulus, Bote, Gesandter, Apostel, ich muss von Christus erzählen, ich muss von Gott erzählen. Ich schäme mich nicht. Aus mir selbst bin ich nichts. Durch Gott bin ich, was ich bin. Ich bin schwach – aber Gott ist stark. Von den Göttern weg habe ich euch zu Gott gebracht, zu dem lebendigen, dem einzig wahren Gott.

Ich, Paulus, ich habe etwas gesehen. Ich muss es euch sagen. Weh mir, wenn ich es nicht sage: Maranatha: Der Herr kommt!

Christliche Feste

8. Ostern

Hinweise

Ostern ist das Zentraldatum der Christenheit, der Ursprung allen christlichen Geschehens. Ohne Ostern wäre kein christliches Bekenntnis, kein Christentum, kein christliches Abendland. Dass Christen sagen: »Jesus ist der Messias, der von Gott erhöhte Herr«, das hat das Christentum zur Weltreligion gemacht. Ostern, das heißt: Der alte jüdische Messiasbegriff erhält eine neue Deutung. Im Auferstandenen, in Christus, verdichtet sich alles, was mit Jesus je geschah. Der österliche Christus ist weit über den historischen Jesus hinaus der Heiland, der Helfende, der Solidarische, der Bringer göttlichen Friedens, eine Hoffnung auf ewig.

Im Einzelnen

- Zur *Theologie der Auferstehung*: Ostern ist ein Geschehen, das mit dem Verstand nicht auszuloten ist, ein Geschehen, das den Glauben fordert, das als »Widerfahrnis des Sehens« beschrieben wird. So Paulus in Gal 1,15f.: »Gott hat mich seinen auferstandenen Sohn sehen lassen.«
- Diese Erfahrung, die zum Bekenntnis wurde, ist Grund der Osterbotschaft: Der am Kreuz schändlich Getötete ist der Lebendige, Gottes Sohn. Das Kreuz wird zum Zeichen des Sieges.
- Dieses Bekenntnis, so kann der Historiker nur notieren, entwickelte eine unerhörte, letzlich Religion stiftende Kraft: Öffentlichkeit nach totalem Zusammenbruch, plötzlicher Mut nach angstvollem Verstecken, Enthusiasmus, Werbung, eine Predigt von mitreißender Kraft, von überwältigend verändernder Wirkung, eine Predigt, die in der damaligen Welt des Mittelmeerraums Tausende und Abertausende dem neuen Glauben zuströmen ließ.

– Und den *Osterbekenntnissen* der Erstzeit, auf denen diese Predigt beruhte, folgten dann die *Ostererzählungen* einer späteren Epoche. Denn das dürften die Boten erkannt haben: Der Glaube an den Auferstandenen lässt sich nicht nur in Bekenntnis und Gebet weitersagen – er muss erzählt werden. Und so entstanden als schöpferische Leistungen predigender Erzählkunst des ersten Jahrhunderts mit ihrer jeweils unüberhörbar durchklingenden Ursprungsbotschaft die unterschiedlichen Ostererzählungen der Evangelien, die in unterschiedlichen Farben den Christus auch leibhaftig malen, so, wie er den Seinen erscheint, wie er mit ihnen spricht, so, wie er ihnen Zukunft eröffnet. Dass solche Erzählungen in historischem Sinn vorsichtig zu beurteilen sind, liegt auf der Hand. Sie sind Zeugnisse des Glaubens.
– Ostern und die Kinder: »Ich kann mir nicht vorstellen, dass man nach seinem Tode auferstehen kann, aber mit Gottes Hilfe kann alles geschehen.« – »Auferstehen kann man nur durch Gottes Kraft.« – »Man kann es nicht erklären. Aber man glaubt es.« – Die Auferstehung ist wie ein Wunder von Jesus.«

Auf die Frage »Wie stellst du dir die Auferstehung Jesu vor?« haben Kinder im 4. Schuljahr diese Antworten gefunden. Das zeigt: Sie können sich durchaus in Grenzsituationen des Sag- und Vorstellbaren hineinbegeben. Sie erkennen, dass alles letztlich eine Frage des Glaubens ist. Ihren Gedanken vermögen sie eigenständig Sprache zu verleihen.

a. Kreuz und Auferstehung

Was wir tun können

– Den Zusammenhang von Kreuz und Auferstehung entdecken.
– Erfahren, zu welcher Zeit und unter welchen Umständen die Urbekenntnisse des christlichen Glaubens entstanden sind.
– Die Wirkung des Auferstehungsbekenntnisses verfolgen und nachvollziehen.

Ostern heute

Osterhase. Ostereier. Osterferien. Osterspaziergang. Osterfeuer. All das gibt es. All das hat mit Ostern zu tun. – Osterglocken. Ostersonntag. Osterkerzen. Osterfreude. Osterlieder. Osterlicht.

Der Anfang von Ostern war bei Jesus, bei Jesus Christus. Ostern begann vor zweitausend Jahren. Der Anfang war beim Kreuz. Da war der Gekreuzigte: Jesus.

Der dunkelste Tag

»Tötet ihn! Bringt ihn um!« So haben sie geschrien, die Feinde. Verraten wurde Jesus, ausgeliefert, angeklagt als Aufrührer. Verurteilt wurde Jesus, verhöhnt und verlästert als König der Juden. Angespuckt wurde er, ausgepeitscht, gequält. Sie hatten Macht, die Feinde.

Von Nägeln durchbohrt wurde Jesus, ans Kreuz geschlagen von den Römern, getötet. An einem Freitag geschah das. Das Passafest sollte beginnen, das Fest des Wartens auf Gott. Gott sollte kommen, sein Volk zu befreien, wie damals in Ägypten. Statt dessen Finsternis und Schrecken. Die Sonne verlor ihren Schein.

Jesus am Kreuz

BILDER: JESUS AM KREUZ, Z. B. ISENHEIMER ALTAR

Da hing er am Kreuz, elend. Viele Maler haben es gemalt, zu allen Zeiten. Und Menschen standen unter dem Kreuz: Maria, die Mutter, im Arm des Jüngers Johannes, starr, wie tot vor Schmerz. Maria Magdalena, klagend, verzweifelt, die Hände zum Kreuz erhoben.

Gemalt wurde auch das Lamm: Jesus, geopfert wie ein Lamm. Das Lamm mit Kreuz und Kelch: Kreuz des Todes. Kelch des Leidens. »Trinkt aus dem Kelch! Denkt an mich!« So hatte Jesus gesagt.

Schmerz war. Schrecken. Verzweiflung. Finsternis. Tod. »Jetzt ist er weg, dieser Jesus. Der ist tot.« So haben die Feinde gedacht. Verzweifelt waren die Freunde. Angst war unter ihnen, kein Rat mehr: Alles aus, vorbei. Alles dunkel. Alles zu Ende.

Wie tot waren die Freunde, die Jünger. Sie waren geflohen. Sie hatten Jesus verlassen. Da war keine Hoffnung mehr. Er war gekreuzigt, gestorben, begraben.

Neues Leben

Aber dann: Etwas Neues! Etwas Neues wächst auf, wie ein Halm aus trocken-zerrissenem Boden. Hoffnung wächst. Glaube wächst. Liebe wächst. Gott ist bei uns. Gott tut etwas. Gott hilft uns. Neues Leben wächst.

Jesus ist nicht im Tode geblieben. Gott hat ihn angenommen. Gott hat ihn gerettet. Unvergängliches Leben! Leben aus dem Tod! Menschen sehen etwas. Sie atmen auf. Sie leben wieder. Plötzlich.

Alles ist anders. Alles ist neu. Ein Licht ist aufgegangen, ein Licht aus dem Dunkel der Nacht.

Ja: Sehen! Anders sehen. Neu sehen. Etwas erkennen. Mit dem Herzen sehen. Wie ein Blitz ist das, wie ein Lichtblitz von Gott. Die Augen sind geöffnet: Er ist uns erschienen: Jesus. Wir haben ihn gesehen. Wir haben ihn geschaut. Mit Schrecken. Mit Staunen. Unbeschreiblich.

Das war Gott. Gott zeigt. Gott macht offenbar, was tief und verborgen ist. Gott macht etwas sichtbar: Ein neues Bild, ein neues Bild von Jesus: Jesus ist der Christus, der Messias, der Retter, auf den wir alle warten.

Zeugen der Auferstehung

1 KOR 15,4–8

Ja, sehen: Petrus hat Jesus gesehen. Als Erster. Zwölf haben ihn gesehen. Mehr als fünfhundert auf einmal haben ihn gesehen. An verschiedenen Orten. Zu verschiedenen Zeiten. Jakobus hat Jesus gesehen. Alle Apostel haben ihn gesehen.

»Zuletzt auch ich, Paulus. Er ist auch mir erschienen.« So schreibt Paulus, erst ein Feind von Jesus, dann sein Freund: »Ich habe ihn gesehen. Ich habe ihn erkannt. Gott hat ihn mir zu sehen gegeben, Jesus, den Christus. Meine Augen waren wie zugehalten. Jetzt sind meine Augen geöffnet.« [Nr. 8.55]

Neuer Anfang

Es ist eine neue Zeit: Die Augen der Sehenden sind nicht mehr blind. Die Ohren der Hörenden merken auf.

APG 2,9–24

Und sie kommen, die Freunde Jesu. Sie kommen wieder. Sie kommen zurück. Neuer Geist ist unter ihnen, Geist von Gott. Keine Angst mehr.

Sie sehen das Neue. – Und sie reden in Jerusalem, laut, öffentlich, vor allem Volk, Fischer aus Galiläa, Petrus, Johannes und Jakobus. Sie predigen:

»Hört uns: Neue Nachricht, gute Nachricht: Der Tod hat keine Macht über Jesus. Wir wissen es: Er lebt. Wir haben ihn gesehen. Gott hat ihn groß gemacht. Gott hat ihn zum Herrn gemacht. Gott hat ihn erhöht: Er ist der Messias, auf den wir warten. Jesus ist es! Hört uns!«

Von den Römern gekreuzigt, gestorben am Kreuz. – Aber jetzt: Der Gekreuzigte ist der Lebendige, eine lebendige Kraft, eine große Macht, größer als die Macht des Kaisers, größer als die Macht der Götter. Er ist der Sohn, der König Gottes, wahrer Mensch und wahrer Gott, Herr der Welt, Christus Jesus, Anfang und Ende, A und O.

Neue Gemeinschaft

APG 2,42–47; 4,32–35

Sie sind glücklich, die Freundinnen und Freunde Jesu. In den Häusern kommen sie zusammen, im Tempel von Jerusalem, alle, die an Jesus glauben, an den König Gottes. Alle gehören zusammen, eine Gemeinschaft, eine Gemeinde. Sie haben sich lieb, ein Herz und eine Seele. [Nr. 8.56]

Und sie helfen sich, einer dem anderen. Wer mehr hat, gibt dem, der weniger hat. Viele verkaufen Schmuck oder Land und bringen das Geld zu den Aposteln, zu Petrus, Johannes und Jakobus. Den Waisen wird geholfen. Den Witwen wird geholfen. Niemand leidet mehr Not. Jeder hat so viel, dass er leben kann.

Und sie essen miteinander: Brot und Fisch. So haben sie mit Jesus gegessen. Sie brechen das Brot. So hat Jesus es gebrochen. Sie trinken vom Wein. So hat Jesus mit ihnen getrunken. Sie feiern. Sie freuen sich. Und Jesus Christus ist mitten unter ihnen. [Nr. 8.57]

Und die Armen essen mit. Und Juden und Griechen essen zusammen. Und sie feiern den Tag des Herrn am ersten Tag der Woche, am Sonntag.

Und sie beten miteinander: »Herr, komm! Komm wieder! Bald.« Und sie heilen Kranke. So hat Jesus geheilt: »Du kannst sehen. Du kannst gehen. Du kannst hören. Du kannst sprechen. Dein Glaube hat dich gerettet.« Und sie rufen die Menschen. So hat Jesus gerufen: »Kommt her, ihr

Verlorenen, ihr Verachteten, ihr Ausgestoßenen. Bleibt bei mir. Gott will euch retten.«

Und sie nehmen jeden auf, der zu ihnen kommt, jeden, der Gott dienen will und nicht mehr den Göttern, jeden, ob arm oder reich. Und sie taufen ihn: Du willst dich ändern? Neues Leben willst du haben? Abgewaschen sei das Alte. Das Neue soll gelten, das von Jesus Christus. Ich taufe dich auf diesen Namen: »Gott Vater – Jesus Christus – Heiliger Geist«.

JES 53,1–9

Und sie lesen in den alten Schriften. So hat Jesus in der Synagoge von Nazareth gelesen. Sie lesen beim Propheten Jesaja: »Es kommt die Gotteszeit. Es kommt der Messias. Es kommt der Retter. Unsere Krankheit – er wird sie tragen. Unsere Schmerzen – er wird sie erdulden. Alles für uns – wir sollen Frieden haben.«

JES 53,4–5

»Begreift ihr das denn nicht?«, sagen sie. »Seht ihr denn nicht? Glaubt ihr nicht? Es ist gesagt seit uralter Zeit: Der Christus musste das leiden: Verhöhnung und Schmerz und Kreuz und Tod. Nur so gibt Gott sich zu sehen in seiner Herrlichkeit.« [Nr. 8.58]

PSALM 57,8; PSALM 118,15

Und sie singen: »Mein Herz ist bereit, Gott, / dass ich singe und lobe. / Freude ist in den Hütten der Gerechten! / Sieg! Ich will dem Herrn singen mein Leben lang / und meinen Gott loben, solange ich bin.«

PSALM 30,12

So haben die Menschen im Volk Israel gesungen: »Du hast mir ein neues Lied gegeben. / Du hast meine Trauer verwandelt in Tanz.«

So singen die Christen auch heute noch: »Er ist auferstanden. Er ist wahrhaftig auferstanden: Erstanden ist der heilig Christ, der aller Welt ein Tröster ist. Und wär er nicht erstanden, so wär die Welt vergangen.«

Neuer Aufbruch

Und sie gehen hinaus in die Welt, hinaus zu den Völkern. »Wir müssen es weitersagen, das von Jesus Christus, überall, immer.« Sie gehen zu Juden, zu Griechen, zu Römern, zu Ägyptern, nach Antiochia und Rom, nach Korinth und Alexandria. Sie fahren mit Schiffen über das Meer.

Auf den Marktplätzen predigen sie, in den Häusern, vor den Tempeln der Götter: »Habt Mut! Habt Glauben! Jesus ist unter euch, der Christus, der Retter. Folgt ihm nach! Folgt uns! Kommt und überlegt nicht mehr! Wir reden von ihm – er lebt! Wir beten zu ihm – er lebt! Wir essen zusammen in seinem Namen – er lebt! Wir helfen den armen Schwestern und Brüdern – er lebt! Was ihr für die Armen tut, das tut ihr für Jesus! Kommt! Kommt! Nur eins müsst ihr wissen:

MT 16,24

Wer mit ihm geht, mit Jesus, der hat es nicht leicht. Der muss das Kreuz auf sich nehmen, der muss viel aushalten.«

Und sie hören, die Menschen. Sie kommen. Sie verlassen die Götter: Zeus und Jupiter, Artemis und Isis, Mithras und Kybele. Und sie lassen sich taufen: »Wollt ihr das Kreuz auf euch nehmen?« – Sie wollen es.

MT 13,31–32

Und sie werden mehr und immer mehr, wie das Senfkorn, das aufwächst zu einem riesigen Baum. Es breitet sich aus, das Gottesreich unter den Menschen.

Und sie erzählen, die Boten, Geschichten über Geschichten. Um die ganze Welt laufen diese Geschichten, Geschichten, die wie ein Zeichen sind, die etwas zeigen von Gottes Macht; Geschichten, wie Jesus geheilt hat, wie er Gott angesagt hat, wie er Großes, Wunderbares, getan hat: die Geschichte vom Wirbelsturm auf dem Meer – und Christus hat ihn zur Ruhe gebracht, die Geschichte von einem großen Hunger der vielen – und Christus hat alle satt gemacht, die Geschichte von dem jungen Mann, der tot war, – und Christus gab ihn seiner Mutter zurück. Große, wunderbare Geschichten. Die Menschen hören. Sie staunen.

Schriftliche Botschaft

»Schreibt diese Geschichten auf«, sagen sie zu den Boten, »schreibt alles auf, alles von Jesus, dem Christus. Nichts darf vergessen werden.« Und die Boten tun es: Markus, Matthäus, Lukas, Johannes. Sie erzählen und schreiben viele Geschichten, was Jesus getan und gesagt hat, wie Jesus leiden musste, wie Jesus starb – und die Geschichten von Ostern.

b. Die Ostererzählungen der christlichen Gemeinde

Was wir tun können
- Die Christus-Ostererzählungen kennenlernen.
- Verstehen, dass die Christus-Ostererzählungen Glaubenszeugnisse einer späteren Zeit sind.
- Mithilfe einer Zeitleiste veranschaulichen, wann die Evangelisten geschrieben haben.
- Zentralbilder zu Ostern malen.
- Angesichts der Osterbotschaft vom neuen Leben über den eigenen Tod nachdenken.
- Osterlieder singen und dabei die Texte deuten.

Die Ostergeschichte nach Markus

Dies erzählt Markus, er schreibt es auf, vierzig Jahre nach Jesu Tod:

MK 16,1–8

Es ist Sabbat. Maria aus Magdala und Maria, die Mutter des Jakobus, und Salome, sie kaufen wohlriechende Gewürzkräuter und Öl. Sie wollen Salben bereiten. Sie wollen Jesus einsalben. [Nr. 8.59]

Und dann, am Morgen: Die Sonne geht auf. Es ist der erste Tag der Woche. Da kommen sie zum Grab mit ihrer kostbaren Salbe. Und sie sagen zueinander: »Der Stein! Der große Rollstein! Wer rollt ihn fort von der Tür des Grabes? Er ist so groß und schwer.«

Sie sehen auf. Da – der Stein ist fortgerollt. Sie gehen hinein in das Felsengrab. Da – ein junger Mann. Er sitzt dort rechts in einem weißen Gewand. Und sie erschrecken entsetzlich.

Er sagt: »Habt keine Angst. Ihr sucht Jesus aus Nazareth, der ans Kreuz genagelt wurde. Er ist nicht hier. Gott hat ihn auferweckt. Seht, dort hat er gelegen. Geht! Sagt es seinen Freunden. Sagt es Petrus: Er geht euch voran nach Galiläa. Dort wird er sich euch zu sehen geben.«

Da kommen die Frauen heraus aus dem Grab. Sie zittern. Sie sind voller Entsetzen. Sie rennen weg. Sie fliehen. Stumm sind sie vor Schrecken. Und darum sagen sie nichts weiter. Niemandem sagen sie etwas. – So schreibt Markus. Alles ist geheimnisvoll.

Die Ostergeschichte nach Matthäus

Dies erzählt Matthäus, er schreibt es auf, fünfzig Jahre nach dem Tod Jesu:

MT 28,16–20

Die Jünger kommen nach Galiläa. Sie kommen zu einem Berg. Dort gibt er sich ihnen zu sehen, Jesus, der Christus. Sie werfen sich nieder. Einige aber zögern. Sie sind voller Zweifel: »Bist du es, Herr? Bist du es wirklich? Können wir das glauben?«

Jesus, der Christus, tritt auf sie zu: »Mir ist Macht gegeben von Gott, große Macht, alle Macht in aller Welt. Geht jetzt zu den Völkern der Erde! Macht die Menschen zu meinen Freundinnen und Freunden, zu meinen Jüngerinnen und Jüngern! Tauft sie! Tauft sie auf diesen Namen: »Gott Vater – Jesus Christus – Heiliger Geist!« – Und denkt daran: Ich bin bei euch! Immer! Jeden Tag! Bis an das Ende der Weltzeit. Amen.«

Die Ostergeschichte nach Lukas

Dies erzählt Lukas, er schreibt es auf, sechzig Jahre nach Jesu Tod:

LK 24,13–35

Es ist am ersten Tag der Woche: Zwei von den Jüngern gehen in ein Dorf nicht weit von Jerusalem, nach Emmaus. Unterwegs reden sie miteinander über alles, was geschehen ist: »Er ist tot, drei Tage schon. Er hat uns allein gelassen.« Sie sind traurig. Sie sind wie tot. Kein Rat mehr. Was soll nun werden? Sie reden und reden. Sie überlegen und überlegen. Sie befragen sich hin und her…

Da – Jesus ist bei ihnen, Jesus, der Christus. Er geht mit ihnen. Doch sie erkennen ihn nicht. Ihre Augen sind wie zugehalten. Sie sind wie blind. So traurig sind sie. Er sagt: »Was redet ihr da?« Sie sagen: »Weißt du das nicht? Du kommst aus Jerusalem und weißt nicht, was dort in den letzten Tagen geschah? Bist du der Einzige, der das nicht weiß?«

Er fragt: »Was denn?« – »Das mit Jesus aus Nazareth«, sagen sie, »dem Propheten, der seine Macht gezeigt hat in Worten und Taten vor Gott und dem Volk. Weißt du das nicht? – Wir dachten, er ist der Messias, der Israel befreit. Aber unsere Oberpriester und die vom Hohen Rat, die haben ihn zu Tode gebracht. Römer haben ihn verurteilt und gekreuzigt. Weißt du das nicht? Vor drei Tagen ist alles geschehen. – Und einige Frauen, die haben uns noch mehr erschreckt. Die waren heut früh an seinem Grabe. Die sagen, sie hätten Engel gesehen, die hätten gesagt, er lebt. Ihn aber haben sie nicht gefunden. Das kann doch nicht sein. Das ist doch Gerede. Das können wir nicht glauben.«

Da sagt er: »Begreift ihr denn nicht? Seid ihr denn wie blind? Könnt ihr nicht glauben, was die Propheten schon sagten:

JES 53,3–4

Der Messias, der Retter, er musste das leiden, die Qual, die Schmerzen. Nur so wird er Gott sehen in seiner Herrlichkeit. Wisst ihr das nicht? Begreift ihr das nicht? Habt ihr das nicht gelesen? Eure Schuld – er hat sie genommen. Eure Krankheit – er hat sie getragen. Eure Schmerzen – er hat sie erduldet. Alles für euch. Ihr solltet Frieden haben.«

Und als er so zu ihnen redet, da wird es dunkel. Sie sind nahe bei Emmaus. Er will weitergehen. Sie sagen: »Bleibe bei uns, Herr. Der Tag geht zu Ende.« Da geht er mit ihnen ins Haus. Er setzt sich mit ihnen zu Tisch. Er nimmt das Brot. Er segnet das Brot. Er betet. Er bricht das Brot. Er gibt es ihnen. Da erkennen sie ihn: »Herr, du bist es.«

Sie sind nicht mehr wie blind. Ihre Augen sind geöffnet. Und schon ist er nicht mehr vor ihren Augen. Sie aber wissen: Er lebt, Jesus Christus, unser Herr. Ja, er ist bei uns. Jetzt und immer…

»Brannte nicht unser Herz? Brannte es nicht wie Feuer in uns, als er mit uns ging und alles erklärte?« So sagen sie zueinander. Und gleich springen sie auf. Sie laufen den Weg nach Jerusalem zurück, den sie so traurig gekommen sind. Jetzt sind sie voller Freude.

Und sie finden die anderen Jünger. Und die rufen schon: »Ja, er lebt, der Herr. Wirklich! Er ist Petrus erschienen.« Und da müssen sie erzählen: das vom Wege, das vom Haus. Und das vom Brot: »Er ist mit uns gegangen. Er ist ins Haus gekommen. Er hat uns das Brot gebrochen. Und da erkannten wir ihn.« Sie müssen es erzählen. Voller Freude. – So schreibt Lukas.

Die Ostergeschichte nach Johannes

Und dies erzählt Johannes, siebzig Jahre nach Jesu Tod:

JOH 20,1–18

Maria aus Magdala geht zum Grab. Es ist früh. Es ist dunkel. Der Stein ist fort. Maria sieht es. Sie läuft zurück zu den Jüngern: »Man hat unsern Herrn herausgenommen. Sie haben ihn weggeholt.« Petrus und Johannes laufen. Sie gehen ins Grab. Sie finden Jesus nicht.

Maria aber steht vor dem Grab und weint. Sie beugt sich vor. Sie schaut ins Grab hinein. Da sieht sie zwei weiß gekleidete Männer. Die fragen: »Was weinst du, Frau?« Sie sagt: »Mein Herr ist fort. Sie haben ihn fortgetragen. Ich weiß nicht, wo er ist.«

Maria dreht sich um. Da – Jesus, der Christus. Sie sieht ihn. Doch sie erkennt ihn nicht. »Frau, was weinst du? Wen suchst du?« Er fragt es. Sie denkt: Es ist der Gärtner. Sie sagt: »Hast du ihn fortgetragen? Wo liegt mein Herr? Ich will ihn holen.«

Er aber schaut sie an: »Maria.« Da erkennt sie ihn. »Rabbuni! Lieber Herr! Du bist es!« Sie ruft es. Sie will ihn anfassen. Er aber spricht: »Berühre mich nicht! Ich bin noch nicht bei meinem Vater. Geh zu den Brüdern. Sage es ihnen: Ich gehe zu meinem Vater – zu eurem Vater, zu meinem Gott – zu eurem Gott!« Da läuft Maria. Sie findet die Jünger. »Hört mich, hört mich an: Ich habe ihn gesehen: Jesus, meinen Herrn …« [Nr. 8.60]

Und dies erzählt Johannes auch:

JOH 20,19–23

Abend ist es, am ersten Tag der Woche: Die Türen sind verschlossen, dort, wo Jesu Freunde sind, die Jünger. Voller Angst sind sie. Da – er ist mitten unter ihnen: Jesus, der Christus.

Er spricht: »Schalom: Friede mit euch. Ich bringe euch Frieden.« Und er zeigt ihnen seine Hände. Und sie sehen die Nägelspuren. Da freuen sie sich: »Du bist es. Du lebst.«

Noch einmal sagt Jesus, der Christus: »Schalom: Ich bringe euch Frieden. Mein Vater sendet mich. Jetzt sende ich euch.« Und er haucht sie an, Atem des Geistes: »Ich lebe. Auch ihr sollt leben. Nehmt den Geist, lebendigen Atem: Atmet und lebt. Geht zu den Menschen. Ich sende euch. Macht sie frei von allem Bösen. Wen ihr freimacht, der ist frei. Wen nicht, der ist es nicht.«

Und da ist neues Atmen unter ihnen, neuer Geist, neuer Mut, Friede. »Der Herr ist bei uns. Wir können leben …«

Können wir leben? Es gibt doch den Tod... Wir müssen sterben, alle. Jeder zu seiner Zeit. Wie eine Blume ist der Mensch. Der heiße Wind geht darüber. Und schon ist sie nicht mehr da.

Er atmet nicht mehr, der Mensch. Er kann nicht mehr reden. Er kann nicht mehr hören. Er kann nicht mehr sehen. Er ist tot. Er wird begraben. Gestorben – begraben ...

JOH 12,24

So aber sagt Johannes: »Ein Korn wird in die Erde gelegt. Es stirbt. Es ist tot... Aber dann: Neues Leben kommt hervor. Etwas Neues wächst auf: neuer Halm, neue Ähre, neues Korn: Leben aus dem Tod.«

1 KOR 15,43

Und so sagt Paulus: »Der Körper, der begraben wird, ist vergänglich, schwach und hässlich. Aber was zum Leben kommt, das ist unvergänglich, stark und schön.«

Ostern: Das größte Fest, das Christen feiern am ersten Tag der Woche, am Sonntag.

Ostern: Da ist kein Tod. Da ist nur Leben.

Ostern: Er ist für uns gestorben, Jesus, der Christus. Aber er lebt. Und wir leben mit ihm. Neues Leben ist da, Leben für alle. Liebe ist da, Liebe für alle. Er hat uns lieb. Und darum lieben wir einander.

So sagen Christen. So glauben sie.

RÖ 8,35–38

Ostern: Nichts kann uns trennen von Gott. Nichts kann uns trennen von Jesus Christus. Nichts kann und trennen von seiner Liebe. Auch nicht der Tod.

Ostern: Ein Zeichen ist über den Gräbern – das Zeichen der Hoffnung, das Zeichen der Liebe, das Zeichen des Lebens: das Kreuz. [Nr. 8.61]

9. Pfingsten

Hinweise

Brausender Wind, Atmen ganz neu, Glühen für Gott, im Zeichen eines alles verändernden Neuen befreit leben, von Herzen einander lieben, im Frieden eines Sinnes bleiben – das ist Pfingsten. Unter der Wirkung eines schöpferischen Geistes zu einer neuen Gemeinschaft als *communio sanctorum* finden, die Botschaft von Christus als dem Lebendigen angstfrei in flammender Predigt in die Welt hinaustragen, Begeisterung bei Hörern auslösen, lehren und taufen, aus einem guten Geist heraus alle Mächte des Bösen überwinden, auch bereit sein, für die erkannte Wahrheit das Leben hinzugeben – das ist Pfingsten. Gott als Vater, Sohn und Geist bekennen, alle Geisterserfahrungen in einer Ur-Geschichte (Apg 2) verdichten, daraus ein bis in die Gegenwart gefeiertes Fest des »heiligen« Geistes ableiten, stets diesen heiligen Geist um den rechten Glauben bitten – das ist Pfingsten.

Im Einzelnen

- Pfingsten – das ist das alte Fest Pentekoste (griechisch: fünfzigster Tag), von den Juden fünfzig Tage nach dem Passafest als Abschluss der Weizenernte gefeiert, auch in Erinnerung an den Bundesschluss am Sinai begangen; von den Christen dann umgedeutet als Fest der »Ausgießung« des Geistes, als Gründungstag der Kirche.
- Pfingsten – das ist ein unfassbares, unglaubliches Ereignis: Menschen außer Atem. Menschen ganz zur Verfügung Gottes, Menschen, die einander dienen, lieben, vergeben. Menschen, die ein Bekenntnis frei und öffentlich bekannt machen: Jesus Christus ist unser Herr.
- Pfingsten – Sprachgrenzen sind überwunden. Widergöttliche Turmbauten von Egoismus, Hochmut, Ruhmsucht, Machtstreben stürzen ein.
- Pfingsten – das ist ein dynamisches Fest, visionär, offen auf Zukunft

hin. Aber auch ein Fest, das unter einer starken Spannung steht: hier guter Geist, da böser Geist. Wer wird letztlich die Welt regieren?

- Pfingsten – das ist ein Fest des Verstehens: Menschen zueinander und miteinander, »eine große Menge aus allen Nationen, Stämmen, Völkern und Sprachen« (Offb 7,9).
- Pfingsten – aus dem Geist des Urchristentums heraus entsteht die Pfingstgeschichte des Lukas als ein erzählendes Zeugnis des Glaubens.
- Pfingsten und die Kinder? – Niederschriften von Neunjährigen – nach entsprechendem Unterricht, nach meditativen Gesprächen – zeigen, was möglich ist. Auf die Frage, was das denn sei, »heiliger Geist«, ergaben sich u. a. folgende Antworten: »Das Gute, das in den Menschen steckt von Gott her.« – »Dass Gott unter uns ist.« – »Etwas in den Menschen, das ihnen Mut gibt, über Gott und Jesus und das Christentum zu reden.« Und auf die Frage nach der Bedeutung von Pfingsten: »Alles, was das Christentum umfasst, die ganze Gemeinde.«

a. Heiliger Geist

Was wir tun können

- Über geisterfüllte Menschen – im Miteinander und Füreinander, beim Beten, beim Singen, beim Tanzen – ins Gespräch kommen.
- In meditativen Übungen den Hauch des Atems spüren, starken und schwachen »Wind« erzeugen und wahrnehmen.
- Windkraft ermessen; z. B. durch Pusten eines Windrädchens, zum anderen durch Erfahrungsaustausch über Windmühlen, Windräder, Segelschiffe usw.
- Das Erfahrene in Beziehung zur Wirkung des Geistes Gottes setzen.
- An biblischen Beispielen die Macht des guten / bösen Geistes entdecken – hier Turmbau und König Saul, dort der gütige Geist des Menschen Jesus, der Friedens- und Sendungsgeist des österlichen Christus.
- Das Leben der frühen Gemeinden aus pfingstlichem Geist, ein Leben zwischen Freude und Gefahren, erkunden und nachvollziehen.
- Die Wirkung der Pfingstbotschaft bis in die Gegenwart wahrnehmen.

Das Ereignis Pfingsten

In Bewegung sein. Hände, Beine, Arme, Augen ... Ein Wirbel. Viele durcheinander. Viele miteinander. Einer fasst den anderen an. Du wirst hin- und hergerissen. Du öffnest dich. Für dich selbst. Für andere.

Du nimmst etwas auf. Du willst hören. Du willst sehen. Du willst schreien. Einer nimmt. Einer gibt. Jeder gibt. Jeder nimmt. Anstecken. Weitersagen. Du wirst frei. Alles anders. Alles neu.

Alle zusammen. Alle eins. Miteinander. In einem Geist. Alles ist leicht. Alle sind fröhlich. Alle glücklich. Alle sind begeistert.

Wie frischer Atem ist das, wie brausender Wind. Wie sprühende Funken. Wie loderndes Feuer. Geist, lebendiger Geist. Guter Geist, Geist von Gott.

Gottes Geist ist ...

PSALM 104,29–30

Gottes Geist ist unter den Menschen wie ein Hauch, wie neuer Atem: Sendest du aus deinen Atem, dann sind deine Menschen erschaffen, und du machst neu die Erde. Nimmst du weg ihren Atem, dann vergehen sie und werden wieder zu Staub. Wer atmet, lebt.

JOH 3,8

Gottes Geist ist unter den Menschen wie ein Wind... Wehen... Brausen... Stürmen... Du hörst ihn rauschen, den Wind. Er weht, wo es ihm gefällt. Woher er kommt, wohin er geht, du weißt es nicht.

Einen Wind lässt Gott zu den Menschen kommen, brausend, einen Wirbelsturm. Da bebt ihnen das Herz. Da erkennen sie: Du allein bist der Herr der Welt. – Gottes Geist ist unter den Menschen wie flammendes Feuer... Das brennt. Das leuchtet. Das wärmt. Das glüht. Das verzehrt.

2 MOSE 24,17

Wer mir nahe ist, der ist dem Feuer nahe, spricht der Herr: Ist mein Wort nicht wie ein Feuer? Ist meine Herrlichkeit nicht anzusehen wie ein verzehrendes Feuer?

Guter Geist – böser Geist

Menschen werden entzündet vom Feuer. Sie reden mit feurigen Zungen. Sie reden zum Guten. Sie reden von Gott. – Andere reden zum Bösen. Böser Geist ist unter den Menschen, Ungeist, Widergeist. Zank. Neid. Hass. Eifersucht. Böser Geist bei dir, bei mir: Ungehorsam. Empörung: Geballte Fäuste. Wutverzerrte Gesichter. Böser Geist bei vielen. Gemeinheit. Gewalt. Krieg. Wir gehen mit bösen Dingen um. Wir übertreten Recht und Gesetz.

Ein Beispiel: Turmbau zu Babel

1 MOSE 11,1–9

Uralte Geschichte in Israel: Böser Geist gegen Gott. Geltungsdrang. Selbstsucht. Ruhmsucht. Menschen fühlen sich stark. Menschen bauen einen Turm, riesig, hoch hinaus und immer höher, bis in die Wolken – gegen Gott.

Groß soll er werden in der Welt, ihr Name, ihr Ruhm. Nicht der Name Gottes. – Aber Gott kommt über sie: Wirrwarr: Verwirrte Sprache. Da sind die Menschen durcheinander. Schrecken. Furcht. Entsetzen. Panik. Sie können sich nicht mehr verstehen. Sie können nicht mehr zusammen sein. Sie kommen auseinander. Sie sind verwirrt. Sie laufen fort. Sie werden verstreut in die Welt. Wirrwarr, böser Geist.

Ein Beispiel: David und Saul

1 SAM 16,14–23; 18,5–12

Uralte Geschichte in Israel. Böser Geist. So auch vor dreitausend Jahren: Saul ist König in Israel. Böser Geist kommt über ihn. Er tobt. Er schäumt. Er ist wie besessen. Verzerrt ist sein Gesicht.

David spielt die Harfe vor Saul. David ist jung und schön. Die Großen vom Hof haben David geholt, damit es besser wird mit Saul. Und König Saul hat David lieb. Er macht ihn zu seinem Feldherrn. Und David kämpft. Und David siegt. Er kommt zurück aus dem Krieg.

Da ist ein Jauchzen und lautes Singen: »Saul ist groß! Aber David ist größer!« Als Saul das hört, da packt ihn die Wut. Wieder packt ihn das Böse.

Wieder spielt David die Harfe vor ihm. Da zückt er den Speer, der König … einmal, zweimal … David weicht aus. Zweimal ist David gerettet. Da fürchtet sich Saul: Gott ist mit David, Gottes guter Geist.

Gottes Geist, guter Geist, was ist das? Das ist: Freundlich sein. Geduldig sein. Wahrhaftig sein. Gütig sein. Dem Feinde verzeihen. Frieden halten. Sich selbst beherrschen. Kein Platz für Prahlerei. Kein Platz für Neid. Kein Platz für Wut und Hass. Die Menschen helfen sich. Sie trösten sich. Sie sind demütig. Sie haben sich lieb.

Guter Geist Jesu

Vor zweitausend Jahren: Jesus ist da, freundlich zu allen, voller Güte. Jesus ist da für die Armen und Schwachen, guter Geist von Gott. Besessene kommen. Sie toben und schäumen. »Fahr aus, du böser Geist!« Jesus ruft es. Da werden sie frei. Da werden sie heil und gesund.

LK 12,49

Jesus sagt: »Ich bin gekommen: Ich zünde ein Feuer an.« Jesus ist von Gott gekommen, ein Mensch unter Menschen.

Dann aber: Jesus wird gekreuzigt. Ein Pfahl ist in die Erde gerammt vor den Mauern Jerusalems. Jesus hängt an diesem Pfahl, hingerichtet wie ein Verbrecher.

Aber danach: Er wird gesehen. Menschen erkennen: Er ist von Gott. Jesus ist der Christus. Gott lässt ihn nicht bei den Toten.

Guter Geist Christi

Jesus – Christus: Sichtbares Bild des unsichtbaren Gottes. Menschen erzählen davon. Johannes erzählt. Johannes predigt:

JOH 20,19–22

»Er ist mitten unter uns. Wir spüren seinen Atem, Hauch des Lebens. Friede mit euch, so sagt er zu uns: Nehmt lebenden Atem von Gott. Nehmt den Geist. Geht hin zu den Menschen. Geht! Ich sende euch. Wen ihr frei macht, der ist frei. Wen nicht, der ist es nicht. Wen ihr tröstet, der ist getröstet. Wen nicht, der ist es nicht.« Und sie nehmen den Geist von Gott, die Freunde von Jesus. Sie gehen. Neues Atmen ist unter ihnen, Mut, Friede, Geist der Versöhnung, Geist der Wahrheit, Geist des Gebetes.

Auftrag des Geistes

Sie gehen hinaus in die Welt als Boten von Christus, brennenden Herzens. Sie gehen in die Häuser: »Schalom – Friede mit euch. Christus gibt euch neues Leben und einen neuen Geist. Das Alte ist vergangen.«

Sie beten für die Menschen. Sie legen ihnen die Hände auf: »Du sollst den Geist erhalten, den Geist der Liebe von Gott. Ändere dich. Kehre um. Lass dich taufen!«

Sie sagen die Botschaft. Sie helfen und heilen. Sie machen die Menschen frei. Besessene werden frei vom Bösen. Lahme und Kranke werden gesund.

»Wir tun das nicht aus eigener Kraft«, sagen die Boten. »Wir tun das aus Gottes Geist und Kraft. Wir tun das im Namen Jesu. Kein anderer Name ist größer.« Brennenden Herzens sagen sie das.

Wirkung des Geistes

Und Menschen hören, alt und jung. Menschen kommen … Handwerker kommen, Töpfer, Sandalenmacher, Lederarbeiter, Weber und Färber, Bauern und Hirten, Fischer und Schiffsleute, Kameltreiber und Soldaten im Heer, Händler auf dem Markt, Schreiber in den Schreibstuben, Frauen und Kinder und Sklaven. Auch Gelehrte kommen, Offiziere, vornehme Herren, viele aus dem Senat in Rom, viele aus dem Palast des Kaisers. Ein Feuer ist entzündet in ihnen.

Einer sagt es dem anderen weiter: »Christus ist der Herr. Gott ist der Herr, der unsichtbare, eine Gott.« Sie füllen den Erdkreis mit ihrer Botschaft: die Städte und Inseln, die Ortschaften und Gemeinden, die Lager der Legionen, die Paläste, das Forum. Die Tempel der Götter bleiben leer.

Sie halten fest zusammen, die Christen. Sie sind ehrlich und zuverlässig. Sie lügen nicht. Sie stehlen nicht. Sie betrügen nicht. Sie halten ihre Versprechen. Sie helfen denen, die in Not sind. Sie haben sich lieb. Sie freuen sich. Sie sind fröhlich. Überall sind sie gern gesehen.

APG 4,34–36

Und sie geben ab. Sie haben eine gemeinsame Kasse. Wer etwas übrig hat, der legt es hinein. Sie verkaufen Grundbesitz. Sie verkaufen Wertgegenstände. Sie nehmen das Geld. Sie bringen es den Führern der Gemeinde: »Hier unser Geld. Verteilt es. Gebt es denen, die es nötig haben. Gebt es für das Begräbnis der Armen. Gebt es für Witwen und Waisenkinder, für alte Menschen, für Schiffbrüchige, für solche, die zu Bergwerksarbeit verurteilt sind, für solche im Gefängnis.«

Sie setzen Helfer ein, die darauf achten, dass keiner zu kurz kommt. Sie versammeln sich in den Häusern, die Christen, auch unter freiem Himmel. Sie beten gemeinsam. Sie essen das Brot miteinander. Sie trinken den Wein. Sie feiern Gottesdienste. In unbekümmerter Freude. Sie warten, dass er wiederkommt, Jesus, ihr Herr, ihr Christus. Pfingsten: Ein neuer Geist.

Widerstände gegen den guten Geist

Aber sie haben Feinde, die Christen. Da ist böser Geist, feindseliger Geist. Da sind Hass und Gewalt. Da ist Verfolgung. »Ihr wollt kein Würfelspiel, ihr Christen? Ihr geht nicht in den Zirkus? Ihr freut euch nicht an den Tierkämpfen, an den Kämpfen der Gladiatoren? Ihr habt keine Götterbilder? Ihr opfert dem Kaiser nicht?« So sagen viele. »Was denkt ihr euch? Ihr müsst das Kaiseropfer bringen. Der Kaiser will es. Schwört ab, ihr Christen. Verflucht euren Christus. Sonst kommt ihr vor die Löwen.«

Einige Christen werden schwach. Sie haben Angst um ihr Leben. Der Kaiser ist mächtig. Sie streuen Weihrauch ins Opferfeuer auf dem Altar des Kaisers. Sie essen vom Opferfleisch. Sie schwören: »Ich kenne diesen Christus nicht.«

Viele aber sagen: »Wir sind Bürger eines anderen Reiches, Diener eines anderen Königs. Wir schwören nicht ab. Und koste es unser Leben.« Da werden sie ergriffen, die Christen, verurteilt, zu Tode gebracht, grausam, als wären sie Verbrecher.

Ignatius, Bischof der Christen von Antiochia, er wird von Löwen zerrissen. Polykarp, Bischof der Christen von Smyrna, er stirbt, lebendig verbrannt. Perpetua und Felicitas sterben, eine junge Frau und ihre Sklavin. Viele, viele sterben, am Kreuz, durch Feuer, durch Tiere.

Widerstand gegen den bösen Geist

Doch sie bekennen bis in den Tod: »Christus allein ist der Herr. Gott allein ist der Herr. Je mehr ihr uns niedermäht, desto mehr wachsen wir.« – Und sie wachsen wirklich … Die Saat geht auf. Die Botschaft geht aus in die Welt. Unaufhaltsam. Unaufhörlich. In alle Zeiten. In alle Länder.

Boten sind in Jerusalem, in ganz Judäa, in Samaria und bis ans Ende der Welt. Nach Ägypten kommt die Botschaft, nach Rom, nach Gallien und Spanien, nach Armenien und Mesopotamien, bis ins ferne Indien, auch an die Donau und an den Rhein. So war das damals.

Und heute: Schwarze und Weiße hören die Botschaft, arme und reiche Menschen, jung und alt, Menschen überall in der Welt.

JER 23,29

»Ist mein Wort nicht wie ein Feuer?«, spricht der Herr. Sie predigen, die Christen, sie verkündigen es allen: »Ihr seid nun nicht mehr Fremde. Ihr gehört zu Gott.«

Ihr Reden ist wie das Brausen des Windes: Glühende Begeisterung. Und sie tun etwas. Sie trösten. Sie heilen. In aller Welt. In einem Geist. Als Missionare und Helfer, als Schwestern und Ärzte, als Priester und Nonnen, als Pfarrer und Lehrer. In den Schulen. In den Fabriken. In Heimen. In Krankenhäusern. In Leprastationen. Bei Gefangenen. Bei Traurigen. Bei Einsamen. Bei Alten. Bei Schwachen. Bei Sterbenden.

Trost und Hilfe geben sie: In Bangladesch. In Peru. In Kalkutta. In den Slums. Bei den Indios. Im Urwald. In der Wüste. Unter den Ärmsten der Armen. Sie geben ihnen Nahrung und Kleidung. Sie lehren sie schreiben und lesen. Sie zeigen ihnen Landbestellung und Hygiene. Sie tun es in einem guten Geist. Immer wieder. Immer neu. Ein Feuer brennt in ihnen.

Und sie erzählen von Pfingsten allen, die es hören wollen, von jenem ersten Pfingsten in Jerusalem. »Ja«, sagen sie, »alles ist anders seitdem: Wir sind nicht mehr zerstreut. Wir sind miteinander, füreinander, eine Gemeinde, eine Kirche in der Welt. Das mit der Zerstreuung, das gilt nicht mehr.«

b. Pfingsten in der Apostelgeschichte

Was wir tun können

- Die Pfingstgeschichte des Lukas hören.
- Im Gespräch ihre wunderhaften, wunderbaren Elemente herausstellen.
- Einen Text schreiben: »Als ich einmal Feuer und Flamme war«; malen.
- Den Gegensatz von Kirche als festem Haus und Kirche als Gemeinschaft der Heiligen entdecken.

- Die eigene Kirche erkunden: Altar, Kanzel, Taufbecken, Orgel ...
- Pfingsten als ein Fest des Geistes, der die Erde neu macht, miteinander feiern (Thema Ökumene / Oikoumene).

Das erste Pfingstfest

APG 2,1–41

Das wissen wir von Lukas. Lukas hat es uns erzählt. Er hat es aufgeschrieben: Zu Pfingsten in Jerusalem, da ist etwas geschehn: Menschen in der Stadt, Juden aus aller Welt. Sie wollen das Fest feiern, das alte Fest der Ernte, das Fest der Gebote Gottes. Von Osten und Westen sind sie gekommen, von Norden und Süden, aus Asien, Mesopotamien, aus Kreta und Rom.

Sie füllen die Stadt, sie sind fröhlich, ein Brausen von vielen Stimmen. Und die Freunde von Jesus aus Galiläa sind da, die Fischer vom See mit Petrus. Alle Sorgen sind wie weggeweht. Ihre Angst ist weggeblasen. An einem Ort sind sie zusammen.

Da kommt es über sie wie ein brausender Wind, der herniederfährt, wie Flammen des Geistes von Gott. Da bebt ihnen das Herz. Sie fangen an zu reden, laut frei, offen, mit glühenden Worten, wie mit feurigen Zungen. Sie müssen es hinausrufen. Sie können es nicht mehr für sich behalten: [Nr. 9.62]

»Jesus lebt!« Sie glühen vor Eifer und Begeisterung: »Jesus lebt! Der, den ihr getötet habt, der ist unter uns, eine Kraft von Gott. Gott hat ihn groß gemacht in der Welt. Gott ist bei uns. Wir sind froh.« [Nr. 9.63]

Ihr Reden ist wie Schreien, alle durcheinander, Stimmengewirr, wie das Brausen eines Windes: »Hört, ihr Juden! Glaubt es doch: Er ist lebendig, unser Christus!«

Die Menschen hören. Staunen. Verblüffung. Die Menschen verstehen alles: Die haben uns etwas zu sagen. Die reden von Gottes großen Taten. Da ist etwas mit diesem Christus.

Wie ein Funke springt es über. Die Menschen werden mitgerissen, entflammt. Volksauflauf. Neugier. Glühende Begeisterung. Viele zittern. Sie kommen außer sich: Stimmen. Das Reden. Das Brausen. Atem des Lebens. Geist von Gott. Wind. Sturm. Feuer.

Viele rufen laut: »Ja, die haben recht, diese Männer aus Galiläa. Wir können sie verstehen, wir aus Asien, Mesopotamien, Kreta, wir aus Arabien, Ägypten, Rom. Sie reden die Sprache Gottes! Alle zusammen. Alle eins. Eine Sprache! Ein Geist!«

Andere aber verstehen gar nichts: »Wie? Das gibt es doch nicht.« Sie lachen und spotten: »Seht ihr es nicht, dass die betrunken sind? Diese Männer aus Galiläa, die hatten zu viel süßen Wein.«

Aber da steht Petrus auf, so erzählt Lukas: »Wir sind nicht betrunken. Es ist früh am Morgen. Gott hat seinen Geist unter uns gegeben. Das ist geschehen. Keiner hat hier getrunken.

JOEL 3,1–2

Was Joel sagte, der Prophet, das ist heute geschehen. Erinnert euch! Joel hat es gesagt vor langer Zeit: Wie Sturmbraus kommt Gottes Geist über euch. Ein Feuer lodert auf. Junge Frauen und junge Männer, die sprechen neue Sprachen. Alte träumen von einer Welt, neu und wunderbar. Das ist heute eingetroffen: Begeisterung. Weissagung. Trost. Freude. Jesus Christus ist bei uns bis ans Ende unserer Tage.« So redet Petrus. Da trifft es sie. Da geht es ihnen ins Herz: Dieser Jesus ist von Gott, dieser Christus. Sie schreien. Sie fragen: »Was sollen wir tun?« Ein Feuer ist entzündet.

»Ändert euch«, sagt Petrus. »Ändert euer Leben. Kehrt um zu Gott. Dann könnt ihr zur Gemeinde gehören. Ändert euch! Dann werdet ihr erfahren, dass der Geist in euch brennt, wie er in uns brennt. Dann werdet ihr erfahren, dass ihr anderen von Jesus erzählen müsst, wie wir. Ändert euch! Seid freundlich, wo man streitet. Seht auf den anderen. Liebt, wo man hasst. Ändert euch!«

Das Zeichen dafür ist die Taufe. Da tun sie es. Viele Tausende. Sie kehren um. Sie ändern sich. Sie kommen zu Gott:

JES 64,5.7

»Ich bin verwelkt wie ein Blatt, und meine Sünden tragen mich davon wie der Wind. Aber du, Herr, bist mein Vater. Ich bin Ton. Du bist der Töpfer. Wir alle sind deiner Hände Werk.«

Sie lassen sich taufen: »Du willst dich ändern? Abgewaschen sei das Alte. Das Neue soll gelten, das von Jesus Christus.« Sie lassen sich taufen. Der Geist kommt über sie. Alles wird leicht. Sie singen und tanzen. Das ist eine Macht von Gott.

Dreitausend Menschen lassen sich taufen an jenem Pfingsttag. So hat es Lukas erzählt.

c. Der dreieinige Gott

Was wir tun können

- Die Trinität in ihrem Geheimnischarakter erörtern.
- An einer Taufe teilnehmen und die trinitarische Taufformel hören; von der Taufe erzählen; auch über die Bedeutung des Wassers bei der Taufe sprechen.
- Die Taube als Symbol für Pfingsten und Taufe kennenlernen.
- Über unpfingstliches Verhalten von Menschen sprechen; demgegenüber die Pfingstbotschaft zur Geltung bringen.
- Den pfingstlichen Geist zur Wirkung kommen lassen: versuchen zu helfen, zu versöhnen, zu trösten, wo immer es geht.

Die Taufformel

So wie damals, so taufen wir heute. Neues Atmen ist da, Mut, Frieden: »Ich taufe dich auf diesen Namen: Gott Vater – Gott Sohn – Gott Heiliger Geist.« So sagen die Christen heute. So haben sie immer gesagt, voller Glauben, voller Vertrauen: Drei und doch einer – geheimnisvoll:

Wir sprechen ihn aus als den einen lebendigen Gott: den Vater, den Sohn, den Geist, der von Gott kommt.

Jesus ist da für die Armen und Schwachen, guter Geist von Gott. Christus gibt uns lebendigen Atem, guten Geist von Gott. Gott ist mit uns. Christus ist mit uns. Gottes Geist ist mit uns. Als siehst du drei Menschen, völlig gleich. Jeder für jeden, der etwas schafft. Und doch ist jeder anders. [Nr. 9.64]

Wir können etwas tun, sagen die Christen: Wir können etwas schaffen wie Gott, wie Christus, wie Gottes heiliger Geist. Wir können helfen und trösten. [Nr. 9.65]

Dreiheit

Anders die Heiden. Auch sie kannten drei, die Götter waren. Zum Beispiel in Palmyras in Syrien. Dort gab es den Gott Aglibol, den Gott Baalshaman, den Gott Malakbêl. Aber sie waren nebeneinander, diese Götter. Nicht miteinander und füreinander und ineinander. Sie trugen Schwerter. Sie wollten Krieg.

Drei-Ein-heit

Anders die Christen: Unser Gott will Frieden. Christus will Frieden in Gottes Geist. Jeder für jeden. Drei und doch einer. Gott und Christus und Gottes Geist.

Drei und doch einer – geheimnisvoll: Uralte Geschichte in Israel: Gott gibt sich Abraham zu sehen. Drei Männer kommen zu Abraham. In Mamre ist es, bei der Eiche.

1 MOSE 18,1–15

Abraham sitzt im Eingang des Zeltes. Heiß brennt die Sonne. Er schaut auf: Da – drei Männer vor ihm – einer – Gott. Abraham sieht. Abraham springt auf. Abraham läuft den Männern entgegen. Abraham neigt sich zur Erde: »Gott, gehe nicht vorüber. Gib mir Gnade. – Ihr Männer: Kommt! Reinigt euch! Esst bei mir!«

Sie kommen. Sie essen und trinken: Fleisch, Kuchen, Milch. Sie fragen: »Wo ist Sara, deine Frau?« Abraham sagt: »Im Zelt.« Gott spricht: »Ein Jahr, dann hat Sara einen Sohn.«

Sara hat gelauscht. Sara lacht: »Ich uralte Frau, ich soll einen Sohn haben?« Gott spricht: »Warum lacht Sara? Ist irgendetwas unmöglich bei Gott …?« Dann stehen die Männer auf. Sie gehen. Und übers Jahr: Sara hat einen Sohn …

Uralte Geschichte in Israel: Drei und doch einer: Gott ist erschienen.

Das Symbol der Taube

Ein Zeichen haben die Christen gefunden für Gottes Gegenwart, für den Geist. Die Taube. Sie hebt sich empor. Sie kommt herab. Neue Botschaft: Frieden. Schalom. Sie haben es wiedergefunden, die Christen, dieses Zeichen.

1 MOSE 9,12–17

Zu Noah kam diese Taube: Gott will Frieden nach der Sintflut. Gott will einen neuen Bund mit den Menschen. Gott will Erlösung. [Nr. 9.66]

Nachfrage

Aber sind wir erlöst? Befreit? Haben wir den neuen Geist? Ist da nicht böser Geist mächtig unter uns Menschen, der Geist, der alles zerstört: Hass, Neid, Gewalt, Ausrottung, Mord, Krieg?

Sind wir nicht auseinander, wir Menschen? Ich verstehe dich nicht. Du verstehst mich nicht. Gehen wir nicht aneinander vorbei, wir Menschen? Hören wir aufeinander? Sehen wir uns an?

Mit sehenden Augen sehen wir nicht. Mit hörenden Ohren hören wir nicht. Sind wir nicht zerstreut, wir Menschen, einer ohne den anderen? Keine Sprache füreinander?

Bauen wir uns nicht Türme, Türme der Selbstsucht, Türme der Eitelkeit? Wer regiert die Welt? Böser Geist? Guter Geist? Wo ist denn der Geist der Demut, der Geist des Gebetes, der Geist des Dienens, der Nachfolge? Wo ist der Geist von Pfingsten?

Es gibt ihn, den Geist der Liebe, den Geist der Vergebung, den Geist der Demut und des Trostes. Menschen sind da, die dienen, die sich aufopfern, die alles hingeben.

Es gibt die Kraft, die der Geist Gottes schenkt. Es gibt das neue Leben durch den Geist Gottes. Es gibt Pfingsten: Sich öffnen. Freiwerden. Neuwerden. Weitersagen. Anstecken. Erneuern. Verändern. [Nr. 9.67]

Alle einmütig miteinander. Alle wie Bruder und Schwester. Alle glücklich. Alle in einem Geist. Eine Gemeinschaft. Eine Gemeinde. Eine Kirche in der Welt.

Es gibt neues Atmen. Mut. Den anderen ertragen. Sich selbst ertragen. Den anderen annehmen. Sich selbst annehmen. Kein Hass. Kein Streit. Kein Krieg.

Es gibt Frieden denen in der Ferne und denen in der Nähe. Es gibt Menschen, die sich verstehen, die zusammengehören, miteinander, füreinander, die eine Sprache haben, die Sprache der Liebe.

Es gibt die Hoffnung auf Pfingsten: Sprühende Funken. Loderndes Feuer. Ein Feuer brennt auf Erden.

10. Weihnachten nach Lukas

Hinweise

Ihre bald 2000 Jahre alte Überlieferung, ihre sprachliche Form und ihre – bei aller Volkstümlichkeit des Inhaltes – theologische Tiefe haben der Weihnachtsgeschichte des Lukas (Lk 2,1–20) einen Glanz verliehen, der auch in unseren Tagen die gesellschaftliche und kommerzielle Überfremdung des Festes immer noch zu überstrahlen vermag.

Im Einzelnen

- »Und in österlichem Lichte / gaben sie die Kunde weiter / und erzählten die Geschichte / der Geburt zu Bethlehem« (Detlev Block). Das ist, auf eine liedhafte Kurzformel gebracht, die Theologie von Weihnachten.
- Die neutestamentliche Theologie bestreitet nicht mehr, dass die Weihnachtsgeschichte des Lukas eine Dichtung des Glaubens, eine Legende ist. Die christliche Legende lässt Übersinnliches konkret Gestalt gewinnen, rückt uns das Göttliche näher. Zugleich aber hat sie Anhalt am Historischen (Augustus, Steuererhebung, Statthalter Quirinius).
- Die Geburtslegende des Lukas umgibt die Menschwerdung des göttlichen Kindes mit einer Aura des Wunderbaren (Engel am Himmel über Bethlehem); zugleich verschafft sie dem Christus Jesus (für Lukas ist er der Christus von Anfang an) überbietende Chancen gegenüber dem Gottheitsanspruch des römischen Kaisers Augustus. Auch der römische Weltfriede, die Pax Augusta, wird durch den Frieden Gottes – die Engel singen ihn zu – überboten.
- Himmlische Gottesboten also proklamieren den neugeborenen Friedensbringer und Weltenretter. Gleichzeitig ist die Szene in tiefste Armut gehüllt (Hirten!).
- Zur Zeit des Lukas ist der Glanz römischer Kaiserherrlichkeit längst erloschen. Die Zeit Christi aber dauert an.

- Glaube kann in alle Zukunft geweckt, gefestigt werden mit der inneren Wahrheit dieser Christus-Kind-Legende, Hoffnung kann angesagt, Heil zugesprochen werden.
- Wenn wir mit Kindern über Weihnachten sprechen, gilt es, den historischen Ort der Lukasgeschichte deutlich zu machen (entstanden etwa 60 Jahre nach dem Tod Jesu, gestaltet aus der Christuserfahrung der Gemeinden), dabei aber auch auf den bleibenden Sinnmittelpunkt des Textes für unser Weihnachtsfest zu verweisen.
- Bei entsprechender Anleitung (und der nachfolgende Text gibt sie) vermögen Kinder sich durchaus in die historische, dem Kreuzes- und Ostergeschehen nachgeordnete Entstehung der Weihnachtsgeschichte einzufinden, zugleich aber viel vom Glanz dieser »schönsten Geschichte der Welt« wahrzunehmen.

a. Die Entstehung der Weihnachtsgeschichte

Was wir tun können
- Heutige Weihnachtsbräuche benennen und (auch kritisch) erörtern.
- Die Kaisergeburt des Augustus mit der Geburt Jesu vergleichen.
- Den Weg der Ausbreitung des Christentums bis in die Zeit des Lukas verfolgen.
- Über die Entstehung der Weihnachtsgeschichte sprechen (Was konnte Lukas wissen?).
- Die Zeit überspannende Wirkung der Lukasgeschichte – vor allem in ihrer Friedensbotschaft (et in terra pax) – wahrnehmen.

Weihnachten – heute

Geschenke! Schöne Geschenke! Viele Geschenke! Ja, das möchte ich! Der geschmückte Baum! Die schimmernden Kerzen! Das ist wunderschön! O Tannebaum, o Tannebaum! – Morgen, Kinder, wird's was geben! – Stille Nacht, heilige Nacht! Das ist schön!

Das Weihnachtsbasteln! Die Weihnachtsbäckerei! Die Weihnachtsferien! Die Weihnachtsfreude! Das kenne ich.

Weihnachten überall! Geschmückte Straßen. Die Geschäfte voll von

Menschen. Sie kaufen und kaufen: Das für Mutter, das für Vater, das für … – Ja, Weihnachten! Das Schönste sind die Geschenke!

Manche Menschen gehen Weihnachten in die Kirche. Sie singen Weihnachtslieder. Sie schauen die strahlenden Bäume an. Sie hören die Weihnachtsgeschichte. Sie denken an die Geburt von Jesus.

Weihnachten – historisch

Seit 1700 Jahren feiern Christen das Weihnachtsfest. Immer denken sie dabei an die Weihnachtsgeschichte, an die Geschichte, die Lukas aufgeschrieben hat, und die so beginnt: »Es geschah aber in jenen Tagen, dass ein Befehl ausging von dem Kaiser Augustus …«

Friedenskaiser – Kaiserkult

Augustus war Kaiser der Römer vor 2000 Jahren. Er war mächtig. Sein Reich war das römische Weltreich, ein Reich rings um das Mittelmeer, ein Reich mit vielen Ländern. Überall waren die Truppen des Kaisers, die Legionen Roms. Auf allen Straßen marschierten sie. Sie fuhren übers Meer. Sie schützten die Grenzen. Sie schützten den Frieden. [Nr. 10.68]

Es war eine Zeit des Friedens. Friedenskaiser hieß Augustus, Heiland, Retter der Welt. Ein großer Dichter sagte von ihm: »Er bringt uns die neue Zeit. Von jetzt ab wird immer Friede sein. Er ist wie ein Gott für uns.« [Nr. 10.69]

Die Menschen sehnten sich nach Frieden. Sie glaubten an Augustus. Sie bauten ihm Tempel und Altäre. Sie brachten Opfer für ihn, Opfer von Tieren und andere Opfer dem Divo Augusto, dem göttlichen Augustus. [Nr. 10.70]

Die Römer meißelten es in Stein: »Der Kaiser ist unser Gott. Er ist der Herr über alle Menschen. Endlich ist er gekommen. Es ist Advent, die Zeit der Ankunft. Er bringt uns die frohe Botschaft.«

Die Römer erzählen es hin und her auf den Inseln und Kontinenten: »Ein Tag hat uns allen Heil gebracht – der Tag seiner Geburt!«

Die Geburt Jesu

Zur gleichen Zeit, als die Römer dies überall verkündigten in ihrem Weltreich, als sie es in Stein meißelten – der Geburtstag des Kaisers, Anfang der Welt – , zur gleichen Zeit geschah eine andere Geburt, eine Geburt am Rande des Weltreiches, in einer kleinen Provinz, im Lande der Juden, in Palästina, eine Geburt in Armut, die Geburt Jesu.

Niemand schrieb etwas auf über diese Geburt. Niemand meißelte etwas in Stein. Niemand weiß mehr das Jahr dieser Geburt, niemand weiß mehr den Tag.

Niemand fragte nach dieser Geburt. Damals noch nicht. Niemand wusste, was aus diesem Kind einmal werden sollte. Damals noch nicht. Aber diese Geburt hat Glanz gebracht über die Welt. Sie strahlt bis heute, ein großes Licht.

Die Bedeutung Jesu

Wie war das alles gekommen?

Jesus war ein Mann geworden, ein Lehrer, ein Rabbi. In Rom war Tiberius Kaiser. Jesus lehrte in Galiläa, in Palästina. Er predigte von Gott: »Wer zu Gott Vater sagt, der ist sein Kind. Der gehört für immer zu Gott. Gottes Zeit ist die beste Zeit: Blinde werden sehen. Lahme werden gehen. Die Gefangenen werden frei.«

Jesus predigte von der Liebe zu Gott, von der Liebe unter den Menschen. Er heilte Kranke. Er half den Armen. Aber er hatte Feinde. Er wurde hingerichtet am Kreuz. Pilatus, der Römer, ließ ihn töten.

Und dennoch. Es war nicht zu Ende mit Jesus. Die Gotteszeit war nicht zu Ende. Menschen predigten von Jesus im ganzen römischen Weltreich. Arme erzählten von ihm, Sklaven, aber auch die Reichen, die Herren, die vornehmen Römer und Griechen.

Sie erzählten von ihm in den Lagern der Soldaten, auf den Schiffen, die übers Meer fuhren, auf den Straßen, in den Herbergen, auf den Marktplätzen der Städte.

Die, die ihn geliebt hatten, die konnten ihn nicht vergessen. Sie sagten: »Jesus ist unser Herr! Nicht der Kaiser der Römer! Gott hat Jesus nicht vergessen. Gott hat ihn eingesetzt als König.«

Seine Freunde unter den Juden nannten Jesus »Messias« – das heißt: »gesalbter König von Gott«. Seine Freunde unter den Griechen nannten Jesus »Christus« – das heißt auch: »gesalbter König von Gott.«

»Der am Kreuz zugrunde gegangen ist«, sagten sie, »der ist der Retter.

Er ist zu uns gekommen. Er ist lebendig unter uns. Jetzt ist Advent, die neue Ankunft. Jetzt ist er endlich da. Glanz des Königs. Das Kreuz ist sein Zeichen. Wir haben so lange gewartet.«

Tausende wurden seine Freunde, Tausend und Abertausend. Sie lobten Gott. Wie ein Wind, wie ein Sturm, wie ein Feuer war diese Botschaft von Jesus. Viele Straßen zogen die Boten. In viele Städte kamen sie.

Mission im Namen Jesu

Paulus war einer von ihnen. Wohin er kam, da war es wie eine neue Ankunft. Er sagte den Menschen die gute Nachricht: »Christus ist zu euch gekommen!« Und die Menschen hörten die Botschaft und beteten.

Aber es gab auch Gegner der Christusboten. Paulus litt Verfolgung: Hohn und Spott, Schläge, Schiffbruch, Kerker. Aber er ließ nicht ab von Christus. Er predigte. Er taufte.

Überall kamen die Christen zusammen. Überall waren Gemeinden. Und Paulus zog weiter von Ort zu Ort. Und dann schrieb er Briefe an die Freunde. Bis er gefangen genommen wurde. Bis er nach Rom gebracht wurde. Bis er eingekerkert wurde. Bis er hingerichtet wurde unter Nero, dem Kaiser der Römer.

Aber Paulus hat es gepredigt bis zu seinem letzten Tag: »Jesus ist lebendig unter uns. Er bringt uns das Reich Gottes. Er bringt uns die Zeit Gottes: Friede, Freude, Gerechtigkeit.«

Viele Christen mussten sterben. Nero ließ sie töten. Er ließ sie verbrennen – bei lebendigem Leibe. Er ließ sie kreuzigen – wie Jesus gekreuzigt worden war. Er ließ sie den Löwen vorwerfen zum Fraß. Er ließ sie verkommen in den Kerkern von Rom. [Nr. 10.71]

Aber die Christen verzweifelten nicht. »Was sollen uns die Kaiser der Römer?« sagten sie. »Was sollen uns Augustus oder Tiberius oder Caligula oder Claudius oder Nero? Für uns sind sie keine Götter. Es gibt nur den einen Gott! Es gibt nur einen Herrn: Jesus, den Christus!«

Entstehung der Evangelien

Paulus war tot. Jakobus war tot, der Bruder des Johannes. Petrus war tot, der Freund von Jesus. Aber die Christen lebten. Mehr und mehr wurden sie im Reich der Römer. Und überall beteten sie zu Jesus, dem Christus.

Und die Zeit verging. Es war schon viele Jahre her, dass Jesus am Kreuz des Pilatus gestorben war. Da geschah es, dass einige unter den Christen sagten: »Wir müssen all das aufschreiben, all das von Jesus, was er getan hat, was er gesagt hat. Sonst wird es vergessen.«

Und da begannen sie, die Geschichten und all die Worte von Jesus zu sammeln und aufzuschreiben. Viele schrieben etwas auf: Markus bei den Griechen, Matthäus bei den Juden, auch Lukas und Johannes. [Nr. 10.72]

Der Evangelist Lukas

Lukas lebte in einem griechischen Land. Es waren 60 Jahre vergangen seit dem Tod von Jesus. Lukas war Christ. Er glaubte an Jesus Christus. Viele hatten ihm von Jesus erzählt. Er selbst war ein großer Erzähler, ein Schriftsteller. [Nr. 10.73]

Lukas sammelte alle Geschichten, die er von Jesus erzählen hörte. Er schrieb sie auf. Und er brachte alles in eine gute Reihenfolge.

Es war eine Zeit, in der viele Menschen nach Jesus zu fragen begannen, in der viele Christen sagten: »Er wollte doch wiederkommen. Warum ist er noch nicht da? Er wollte doch Frieden bringen. Warum ist noch kein Friede?«

Es war die Zeit des Kaisers Domitian. Nach Nero war Vespasian gekommen, dann Titus. Jetzt herrschte Domitian. Er war grausam. Er verfolgte die Christen. Alle sollten ihm opfern, ihm, dem Kaiser, und den Göttern.

Aber die Christen wollten dem Kaiser nicht opfern. Auch nicht den Göttern. Sie glaubten an Jesus, den Christus. Und dann bekam Lukas eine Anfrage von Theophilus, einem angesehenen Mann: »Wer war Jesus wirklich?«

Theophilus wusste schon viel von Jesus. Aber er wollte alles ganz genau wissen. »Wie ist das gewesen mit Jesus? Wie hat es angefangen? Wie war das mit seiner Geburt?«

Vielleicht hat Theophilus dem Lukas einen Brief geschrieben. Wir wissen es nicht. Aber sicher ist, dass Theophilus eine Antwort wollte von Lukas. [Nr. 10.74]

APG 1,1–3

Und Lukas hat eine Antwort gegeben. Er schickte dem Theophilus eine ganze Schriftrolle voller Geschichten. Er schrieb dazu: »Viele haben es vor mir versucht, einen Bericht abzugeben über all das von Jesus, so wie sie, die von Anfang an dabei waren, es erzählten. Auch ich, verehrter Theophilus, habe all die großen und wichtigen Dinge nachgeprüft. Und jetzt habe ich es dir der Reihe nach aufgeschrieben, damit du sehen kannst, dass alles sehr zuverlässig ist.«

Lukas schreibt die Weihnachtsgeschichte

Und unter diesen Geschichten war die Geschichte von der Geburt. Lukas wollte es zeigen: »Schon als Jesus geboren wurde, war er der Retter der Welt, schon von Geburt an!«

Lukas wusste: Damals, als Jesus geboren wurde, war die Zeit des Kaisers Augustus, die Friedenszeit. Damals war überall Frieden. Damals gab es die Steuerbefehle. Der Kaiser brauchte Geld. Überall wurde gebaut im Reich. Der Kaiser war wie ein Gott.

Lukas wusste: Damals ist Jesus geboren, in Armut, in einem kleinen Land am Rande des Weltreiches. Aber Lukas wusste auch: Mit Jesus ist ein Licht aufgestrahlt über die Welt, ein großes, starkes Licht. – Und davon hat Lukas geschrieben.

Er schrieb auf Papyrusblätter mit einem Schreibrohr. Er schrieb mit Tinte. Er schrieb auf eine Schriftrolle in griechischer Schrift. Theophilus sollte alles lesen, was Lukas schrieb. Auch andere sollten es lesen. Lukas wollte, dass alle es einsahen: Jesus ist der Christus. [Nr. 10.75]

Darum schrieb er von der Geburt: Jesus war der Christus von Anfang an. Darum schrieb er von Maria und Josef, den Eltern Jesu. Lukas schrieb von Nazareth. Dort hatte Jesus gewohnt. Dort war er aufgewachsen.

Lukas schrieb von Bethlehem. Denn das stand in den alten Schriftrollen der Juden: »Aus Bethlehem soll er kommen, der neue König, der Messias.«

Lukas schrieb von dem Steuerbefehl, den der Kaiser damals erlassen hatte. Denn das wusste er: So war es gewesen: Die Leute mussten sich eintragen lassen in die Steuerlisten des Kaisers. Sie sollten Steuern zahlen. Auch in Syrien war ein Steuerbefehl ergangen unter dem Statthalter Quirinius, bald nach der Zeit des Augustus. Und zu Syrien gehörte Palästina.

Lukas schrieb von den Hirten bei Bethlehem. Die waren damals elend und verachtet. Es war nicht mehr so, wie in den alten Zeiten, als der Hirtenjunge David König wurde. Hirten galten als Räuber und Betrüger. Sie durften nichts bezeugen vor Gericht. Sie zogen mit ihren Herden von einer Weide zur anderen. Sie schliefen draußen bei den Herden in der Nacht. Von ihnen hieß es: »Gott will sie nicht.« Hirten waren arm. – Aber Jesus war zu den Armen gekommen.

Und Lukas schrieb von den Engeln Gottes. Immer schon hatten die Menschen im alten Israel sich Geschichten von Engeln erzählt, von Boten Gottes, die etwas ansagten von Gott, die Rettung verkündeten, Engel bei Abraham, Engel bei Jakob, Engel, die wie Menschen zu Menschen kamen, Engel im Traum. Lukas kannte diese Geschichten.

Nie hatte Lukas einen Engel mit Flügeln gesehen. Aber Lukas glaubte, was damals alle glaubten: Gott ist oben über uns. Gott ist im Himmel. Wenn Gott mit den Menschen reden will, dann schickt er seine Engel. Lukas glaubte: Heerscharen Gottes, die ihm dienen, die sein Lob verkündigen, das sind die Engel. Darum schrieb Lukas von den Engeln.

Und so können wir heute lesen, was Lukas damals schrieb vor bald 2000 Jahren. Er schrieb seine Geschichte voller Glauben. Er malte sie mit Worten, wie ein Maler sein Bild mit Farben malt. Es ist die Weihnachtsgeschichte.

Deutung der Weihnachtsgeschichte

Wir wissen, was Lukas dem Theophilus damit sagen wollte. Wir wissen, was Lukas uns damit sagen wollte: Gottes Reich ist mächtiger. Der neue König heißt Christus. Das Heil ist nicht aus Rom gekommen. Es kam aus Bethlehem.

Wir wissen es heute: Die Macht der Kaiser ist dahin. Das Kreuz aber, an dem Jesus starb, ist zum Siegeszeichen geworden, ein Zeichen der neuen Zeit, ein Zeichen der Ewigkeit.

Die Römer haben ihre Kaiser und Götter vergessen. Sie wurden Christen. Über den Resten der alten Tempel bauten sie die Kirchen für Jesus Christus.

Wirkung der Weihnachtsgeschichte

Und in all den Zeiten, in den bald 2000 Jahren seit Lukas, sind die Maler gekommen. Sie haben die Geburt von Jesus gemalt, die Geburt des Weltenkönigs in Armut, so, wie Lukas es erzählt hatte. Und doch immer anders, immer neu. Und immer sollte das Bild etwas zeigen, etwas vom Frieden, etwas von der Freude.

b. Die Weihnachtsgeschichte nach Lukas

Was wir tun können

- Lk 2,1–20 hören und im Gespräch seine kirchengeschichtliche Wirkung entdecken.
- Bilder zum Text malen – so wie Lukas mit Worten »gemalt« hat.
- Mit Lied und Gebet auf die Weihnachtsgeschichte antworten.
- Mt 1,18 bis 2,23 als zweite Weihnachtsgeschichte des Neuen Testamentes kennenlernen und sie mit der Lukasgeschichte vergleichen.

Und dies ist die Geschichte, wie Lukas sie damals aufschrieb:

LK 2,1–17

Es geschah aber in jenen Tagen, dass ein Befehl ausging vom Kaiser Augustus: »Alle Menschen im Weltreich sollen sich eintragen lassen in Steuerlisten.« Dies war das erste Mal, dass so etwas geschah, und es war die Zeit, als Quirinius Statthalter von Syrien war. Und alle machten sich auf, um sich eintragen zu lassen, jeder in die Stadt seiner Vorfahren.

Da ging auch Josef aus Galiläa, aus der Stadt Nazareth, nach Judäa in die Berge hinauf zur Stadt Davids, nach Bethlehem, denn König David gehörte zu seinen Vorfahren. Er wollte sich dort eintragen lassen mit Maria, der ihm anverlobten Frau, die ein Kind erwartete. [Nr. 10.76]

Und als sie in Bethlehem waren, kam die Zeit der Geburt. Und Maria bekam ihren ersten Sohn. Und sie wickelte ihn in Windeln und legte ihn in eine Futterkrippe in der Viehhöhle, denn sonst war da kein Platz für sie in der Unterkunft.

In einer Viehhöhle kam er zur Welt, der Retter, der König. Das Kind war gewickelt – wie jedes Kind. Es lag in der Futterkrippe.

JES 1,3

Und so war zu lesen in den alten Schriften der Juden: »Ein Ochse kennt seinen Herrn, ein Esel kennt die Krippe des Herrn. Ihr aber kennt ihn nicht.«

Und so schrieb Lukas weiter:

LK 2,8–20

Hirten waren in der Gegend von Bethlehem, die übernachteten bei den Schafhürden im Feld, die bewachten ihre Herden. Und da: Ein Bote Gottes trat zu ihnen. Es wurde hell um sie. Sie waren umglänzt vom Lichtglanz Gottes. Und sie erschraken sehr.

Der Bote aber sprach: »Fürchtet euch nicht! Hört! Seht! Ich sage euch frohe Botschaft, Freude für alle Welt: Euch ist heute der Retter geboren, Christus, der Heiland, der Messias! Gott hat ihn zum König gemacht in Davids Königsstadt! Und dies ist das Zeichen: Ihr findet ein Kind, in Windeln gewickelt, in einer Krippe!«

Und da waren bei dem Boten die Menge der Scharen des Himmels. Die lobten Gott. Die sprachen: »Lichtglanz ist bei Gott in den Höhen, und bei den Menschen ist Friede und Freude!«

Da sprachen die Hirten: »Wir müssen es sehen! Auf nach Bethlehem!« Und sie liefen und kamen und fanden das Kind, Maria, die Mutter, und Josef.

Und danach erzählten sie alles weiter, was ihnen gesagt war von diesem Kind. Und alle, die es hörten, gerieten in Erstaunen: Freude, Glück und Lobpreis. Und die Botschaft ging aus übers ganze Land. Sie kam in die ganze Welt.

Wirkung bis heute

So schrieb Lukas. Seit bald 2000 Jahren haben Christen auf diese Geschichte des Lukas gehört. Sie haben die Botschaft weitergesagt: »Seht, der König ist da in seiner Herrlichkeit!«

Seit 1700 Jahren feiern Christen das Fest der Geburt. Sie verkünden es in der Welt: »Freut euch in dem Herrn! Euch ist der Retter geboren!«

Deshalb ist Weihnachten in der Welt. Deshalb gibt es Hoffnung auf Frieden. Deshalb singen Menschen in der Nacht des Festes: »Die Nacht ist vorgedrungen, der Tag ist nicht mehr fern.« Deshalb feiern sie die Geburt Jesu mit Geschenken untereinander, mit schimmernden Kerzen, mit ihren Gebeten und mit dem Gang in die Kirche.

Es gibt Frieden, unbegreiflich, Frieden zwischen Gott und den Menschen, Frieden der Menschen untereinander, Frieden mit sich selbst. Lukas hat es gewusst: Wer diesen Frieden haben will, muss auf die Botschaft hören. Er muss etwas tun. Er muss seinen Streit beenden.

JES 60,1–2

Immer wieder haben die Menschen gesagt: »Die Zeit ist erfüllt. Etwas Neues beginnt. Jetzt fängt es an mit dem Frieden. Das Volk, das im Dunkeln ist, sieht ein großes Licht.«